人际沟通心理学

志舒◎编著

北方妇女儿童出版社
·长春·

图书在版编目（CIP）数据

人际沟通心理学 / 志舒编著. -- 长春 : 北方妇女儿童出版社, 2019. 4（2019. 10 重印）

ISBN 978-7-5585-3255-9

Ⅰ. ①人… Ⅱ. ①志… Ⅲ. ①心理交往-通俗读物 Ⅳ. ①C912. 11-49

中国版本图书馆 CIP 数据核字（2018）第 291282 号

人际沟通心理学

RENJI GOUTONG XINLIXUE

出版人：刘 刚
策　划：师晓晖　魏广振
责任编辑：关 巍
排版制作：文贤阁
开　本：880mm×1230mm　1/32
字　数：120 千字
印　张：6
版　次：2019 年 4 月第 1 版
印　次：2019 年 10 月第 2 次印刷
出　版：北方妇女儿童出版社
发　行：北方妇女儿童出版社
地　址：长春市人民大街 4646 号　　邮　编 130021
电　话：总编办 0431-85644803　　发行科 0431-85640624
印　刷：阳信龙跃印务有限公司

定　价：29. 80 元

序言

沟通无处不在，这句话是如此深入人心，同时也旗帜鲜明地点出了沟通的重要。那么，何为沟通呢？仅就人际交往层面而言，沟通指的是人与人之间、人与群体之间思想及情感的传递与反馈过程。那么，我们为什么必须要进行良好而有效的沟通呢？

有这么一对恩爱的小夫妻，虽非大富大贵，日子过得还算滋润，更何况“有情饮水饱”！

丈夫喜欢吃鱼，妻子就变着花样给丈夫做各种与鱼有关的菜品。亏得妻子的好手艺，丈夫每次吃得都津津有味。而且有趣的是，妻子总是在厨房就将鱼头吃掉，端给丈夫的是满满的一盘鱼身。是妻子贪吃吗？显然不是，那是因为在妻子心中，总希望将最好的东西给自己心爱的丈夫。这份爱是无私的，也是令人动容的。

日子就在平淡与甜蜜中一天天过去了，小夫妻恩爱了一辈子，相互携手直至白头。夕阳里，老两口坐在自己的院子里，挽着手共赏余晖。

丈夫温柔地说道："此生与你相伴，已是无憾了。唯一美中不足的是，我以前喜欢吃鱼头，可是与你结发之后就再也没吃过了！"

妻子的身子陡然一震，用难以置信的眼神注视着自己的老伴，哀叹道："老头子，你是不知道，我为了将最好的部位留给你，可是吃了半辈子最不喜欢吃的鱼头啊！"

丈夫心中温情无限，柔声说道："老婆子，若是有来世，你可一定要告诉我！"

妻子眼睛里流转着盈盈的泪光，将头枕在了丈夫的肩头，细语道："老头子，你也是！"

可以看到，夫妻俩在吃鱼这件小事上有欠沟通，造就了一生的遗憾。当然，如果没有这份小遗憾的存在，夫妻俩的幸福或许更圆满。但更多时候，社会交往、人际往来中的有欠沟通往往会造就非常恶劣的后果，不仅会贻误协作事宜，而且会极大伤害我们的人际关系。

从构建良好的人际关系生发出去，我们可以说，有效的沟通可以赢得和谐的人际关系，而不恰当的沟通则会破坏人际关系。在如今这个人情交织的社会，和谐人际关系的重要性自不用多言了吧？反过来，亦即是说，良好的人际沟通是何等的重要！

进行良好的人际沟通，自有多种妙法，亦有很多途径。但行万般事，首在用心。而只有用心沟通，我们的人际关系才能变得更为和谐与圆融！何为用心沟通呢？用心沟通指的就是洞穿对方的心理、识别对方的需求，从而依据各种交际对象的差异心理与需求针对性地采用适宜的交际方式。

事实上，在人际交往中，只有照拂他人的情绪感受与心理需求，才能更好地实现与对方在思想及情感上的交流，从而赢得对方的信赖、化解交际中的矛盾、实现和谐的人际关系。若是忽视对方的情绪感受与心理需求，只凭主观臆断，在人际沟通中胡乱出牌，也就难免伤害情谊、影响交际。

有一天，杨教授曾带过的一个外国学生突然致电教授，说是需要一支毛笔练中国书法，希望教授能帮他选购一支质量好一点儿的。

事实上，杨教授就是一个书法家，家里收藏着很多好毛笔。听到学生的请求，热心而慷慨的杨教授认为这是一件大好事，当即表示："师生之间，还谈什么买卖。老师可以送一支好毛笔给你，只望你日有精进，也就心满意足了！"

然而，那个外国学生迟迟未去教授那儿拿毛笔，杨教授很是疑惑。

直到有一天，杨教授与同事闲聊，只听同事说道："杨教授，听说您对毛笔很有研究。有个外国学生托我买一支好毛笔，还请杨教授帮帮忙啊！"

闻言，杨教授神色一愣，怔怔地问道："那个外国学生是不是叫 XXX?"

同事点了点头，有些惊奇地看着他。

杨教授叹道："可是我已经答应送他一支了，只是他一直没有来取，怎么又请你帮忙去买呀?”

同事听了杨教授的话，瞬间就乐了，笑道：“你不要他的钱，他当然不会找你了！哈哈，杨教授，在外国人的思维里，你不卖给他而要送给他，他会认为你根本就不愿意帮他。自然，他也就不会找你!”

可以看到，杨教授显然是对外国人的心理认知缺乏足够的了解，所以才好心办了“坏事”。

所以，说话不仅是一种交流方式，更是一种智慧。不是口若悬河、滔滔不绝就叫会说话而是对方是否愿意听你说话，且愿意接受你的观点。为了切中肯綮，本书从心理学层面，剖析、拆解了一些人们在现实生活中应了解的沟通背后的心理机制。同时，传授了运用心理学知识有效表达的方法。不但包含了沟通的理念、还有很多丰富的案例，以及实实在在的教你说话技巧，帮助人们克服沟通障碍，掌握赢得人心的沟通诀窍，开口就能让你惊艳全场，成就自己的精彩人生。

目录

第三章　玩转提问的套路，诱出对方的心声

第四章　善于赞美的你，办事必将了不起

第一章

破解心灵密码，更好地驱策人心

▼

同理心：情感连接的桥梁

有个小伙子近视了，故而跑去眼镜店想配副眼镜。在店里，一个温文尔雅的配镜师傅接待了他，言谈举止让他倍觉亲切。

寒暄片刻之后，小伙子切入正题道："师傅，等验完光确定度数后，我就在您这儿买副眼镜！"

师傅微笑着说道："刚才听了你的讲述，我心里已然清楚了你的情况。还检验什么，凭我数十年的经验，我对你近视的度数已了然于胸。不信，你就试试这副眼镜，绝对合适！"

小伙子有些愕然，但还是勉为其难地戴上试了试。刚一戴上，小伙子就感觉天旋地转、脑袋发昏，于是赶紧摘了眼镜。

师傅还一副关切的神情问道："感觉怎么样，我说的没错吧！是不是很合适？"

小伙子有些不悦道："师傅，我戴上这副眼镜后感觉很不舒服，还是等验光后再选择相应度数的眼镜吧！”

师傅正色道：“戴久了就会习惯的，难道你还怀疑我的经验？相信我说的就行了，何必还费那些瞎工夫！”

小伙子心想：“这位大叔看着还挺绅士、亲和的，难道脑子有问题……”想到这儿，小伙子不由自主打了一个冷战，飞似的逃离了眼镜店。

店铺里，这位配镜师傅还在摇头叹息：“好心没好报啊！”

很显然，小伙子与配镜师傅之间的人际沟通是失败的。为什么会这样呢？是因为配镜师傅自恃经验，还未检验小伙子近视的具体度数就让小伙子尝试佩戴他所认为合适的眼镜，而这种不愉快的尝试使得小伙子对配镜师傅产生了质疑。深究心理层面的因素，这段沟通不顺的根源就在于配镜师傅缺乏同理心。

于是，我们又不禁要问，同理心的科学内涵究竟是什么？或许，我们可以这样来理解：同理心指的就是正确了解他人的感受与情绪，进而做到相互理解与关怀。通俗而言，就是设身处地、将心比心。

亦即是说，拥有同理心的人具备了理解及体谅他人的行为和处事方法的能力。他们能清楚地了解到别人想表达的意思，真切地感受到别人内心的情绪，从而更好地与人沟通及相处。当人们能将自己的内心世界，诸如情感、思维等，与对方建立联系，站在对方的立场上思考问题时，人与人之间的关系或许就会少了一份事不关己的冷漠，多了一份彼此体谅的温情。

有位小男孩不幸罹患癌症，着实让人心怜。

小男孩告别了欢快的校园和那些相互嬉闹的玩伴，不得不忍受病痛的折磨与心理孤寂的煎熬。时间一天天地过去了，治疗的时间总是那么漫长，很难相信小男孩经历了怎样的痛苦，他脑袋上原本茂密的乌发已经脱落得一根不剩了。所幸，天所怜见，小男孩最终战胜了病魔。

回校的那天，小男孩忐忑不安。因为他意识到，自己如今的模样在同学中间怕是会显得格外突兀。然而，当小男孩踏进教室的那一刻，他惊呆了。原来，教室里所有的人竟然都是光头，就连老师也不例外。所有人都站着注视着小男孩，一个个笑靥如花。

可以看到，同理心是一种无声的关爱，更是一种深层次的理解。正是同学们全体剃光头这一具有同理心的善举，让小男孩感受到了来自同学们的温暖和关怀。想必，在众多善良之人的环绕下，小男孩的生活终将普照光明。

与人打交道时，要有意识地培养自己的同理心，如此才能更好地理解别人的言行，修正自己在认知上的偏颇，从而为自己创造良好的社交关系。若我们都能以同理心待人，或许，我们眼中的世界将会具有别样的色彩。

◎设身处地，换位思考

人生在世，谁又能摆脱人情互予的交际场？只要我们还置身其中，还想着与他人建立起良好的互动关系，就不能只活在自己的世界里而不顾自身给予他人的观感。寒梅傲雪，故与百花无期。一个人太过以自我为中心，做不到与人共情、同理，进则易与人两相碰撞，头破血流；退则难免陷入孤寡，郁郁苦寂。

事实上，现实生活中各种人际矛盾的产生，都是因为双方缺乏同理心所导致的。也就是说，人们无法做到换位思考别人的处境、设身处地体悟别人的感受。譬如，父母与子女之间的代沟、夫妻之间的矛盾、朋友之间的纠纷、职场上的摩擦……皆因为没有设身处地、换位思考，故而理解不了别人的立场与感受，也就无法做出相应的、正确的回馈与反应。

玫琳凯，美国玫琳凯化妆品公司缔造者，一个极具同理心的成功人士。

曾经，在她还名不见经传之时，玫琳凯有幸参加了一堂销售培训课。在这堂课上，玫琳凯为讲师的博学、幽默、风度所倾倒，内心深处非常渴望能有与讲师近距离接触的机会。

课程结束后，玫琳凯才发现，与她有着同样心思的人原来有那么多。人潮涌动，人们纷纷等待着能与讲师面对面聊上几句，哪怕是握个手也行。

也不知等了多久，终于轮到玫琳凯与讲师近距离接触了。然而，或许是讲师已经非常累了，讲师都没正眼看她，只是敷衍地与她握了一下手就匆匆离去了。面对这种情景，玫琳凯心情复杂极了。她怎么也没想到，自己辛辛苦苦等待了这么长的时间，得到的竟然是这般冷遇。玫琳凯感觉被无情地羞辱了，讲师的光辉形象也顿时在她心里碎了一地。

而后，伴随着事业的成功，玫琳凯也有了对公众发表演讲的机会。当然，崇拜她的、为之倾倒的人也不在少数。每当人们排着长长的队伍等待着与玫琳凯握手或者说上几句之时，玫琳凯总是耐心而认真地满足所有人的小心愿与小要求，即便她有时真的已经劳累不堪了。

玫琳凯始终记得那次讲师带给自己的伤害，而她也发誓绝不将这种伤害施加给他人。可以看到，玫琳凯无论与谁打交道，都是一副春意融融的神色，让人倍感温暖。

玫琳凯无名时也是一名观众，所以她十分理解一个观众的心声。在其取得事业的成功，也有追捧者之时，玫琳凯“以己度人”，总是能照拂到与之接触者的感受与情绪。这种能设身处地、换位思考的思绪与行为操守，于无形中更强化了玫琳凯的魅力。

事实上，同理心是对别人的善待，又何尝不是对自己的善待呢！

◎不要随意地评判别人

我们总是会轻易地评判别人，以至于还未搞清楚事情的真相，就已经给他人贴上了我们脑海中臆想人设的标签。若有人十分乐于经由肆意评判，或者说诽谤他人来宣泄自己的情绪，那你就得好好反省一下了：若别人随意地评判我，我会做何感想？

一位农村孕妇患有妊娠高血压，未到产期便住进了医院。

医生强烈要求施行剖宫产，但被这位农妇及其丈夫所拒绝，因为早产婴儿必须得待在保温箱里，而这笔费用却是这对农村夫妇承担不起的。

医生本着为病人生命负责的态度，不顾夫妇二人的反对，坚持下了进行剖宫产的诊断书。为此，丈夫找到医生理论："娃娃待在肚子里用不着花钱，要是待在保温箱里，那谁受得了！"

丈夫的情绪越说越激动，惹得众人围观。很显然，男人的话语激起了众人的愤怒。人们纷纷指责："你还有没有人性""你怎么能这样对待女人""混蛋""人渣"……

男人默然。

后来，架不住众人的攻势，夫妇俩勉强同意了做剖宫产手术。

当男人看到自己的孩子一出生就被放进了保温箱，男人的眼睛湿润了，一是感动，二则是他意识到他今后将会面临着什么。但无论如何，事已至此，男人擦干了眼泪，走向妻子的病房。

就这样，男人一边担心着宝宝的安危，一边耐心地照顾着妻子。

俗话说，没有调查就没有发言权。可为何我们又总是轻言是非善恶？当人们纷纷去责难那个男人之时，为什么就不能多体会一下别人无奈考量下的隐衷？这个男人是个好丈夫与好爸爸，这是毫无疑问的。只不过，经济条件与认知局限决定了他的选择。在人们抨击其行为之时，若是对这一点能有所了解，也不知那些恶毒的话语还能否说得出口？

我们习惯于以自己的思维方式去推导别人的人生，而对别人所处的客观现实总是视而不见。若你自觉站在了道德与正义的高地，拥有了评判他人的权力之时，你要记住，并不是所有人都享受到了你所拥有的优越条件。不以智力及物质上的优势去嘲笑弱者的不合理举动，这是一种高贵的修养，也是一种优雅的成熟。

▼

从众心理：总是让人忍不住跟随

“老师，刚才同学们都去抢一块奶糖，我也忍不住跟着去抢了。我本心不是这样的，可是感觉有一股无形的力量牵动着我，不知道究竟是怎么回事。为此，我深感恐惧。”学生面有忧色地问道。

“别担心，你这种情况，简单来说，就是从众心理。”老师宽慰道。

“从众心理？”学生面露疑惑之色，挠着脑袋说。

“通俗而言，就是想与众人的言行保持一致的心理现象。而且，每个人都会有这种心理。”老师想了想，开口道。

“谢谢老师，我知道了。”学生一脸感激与崇拜的神情说道。

“最后是谁抢到了那块奶糖啊？”老师有些好奇地问道。

“同学们一个个都像小老虎似的，哈哈，但最终还是被我抢到了。”学生的脸上洋溢起得意的神情。

“你还蛮厉害的嘛！那然后呢，他们没再从你手中抢回去？”老师打趣道。

“我……直接就给塞进嘴里了！”学生有些支支吾吾地说道。

“嗯，聪明！好吃吗？”老师笑着问。

“呃……这个……其实那就是一小截白色粉笔头！”学生满脸不好意思，好半天才说出口。

老师哑然失笑。

正如老师所言，从众心理是人所共有的一种心理现象。究其科学内涵，从众心理指的是一个人受外界影响，出于契合公众舆论的考量，而在知觉、判断及行动上倾向于一般逻辑的心理变化过程。通俗而言，就是“随大流”。具体表现，就是“人云亦云”。

可以看到，从众心理重的人往往缺乏主见、易受暗示，对别人的意见很难给予客观的判断。

不知怎的，大街上的一个人突然向东边跑了起来，而且面目狰狞。

或许是错过了与情人的约会，或许是逃避谁的追捕……若不是疯子，必然是因为某些事情，街上的人议论纷纷。

出乎众人意料的是，街上一个十来岁的小男孩也跟着跑了起来，而且也是向东，跑得也是火急火燎。紧接着，一个身形丰腴的小妇人也跑了起来，跑得很是艰难，可以清楚地看到那张如同见了鬼的惊慌面庞。

显然，这种诡异的情形让街上不明所以的人们都惊呆了，驻足呆望着眼前的一切。很快，几乎所有人都加入到了向东跑的队伍。每个人都怀着这样的心理："管他呢，要不是前面有金子，就肯定是恐龙现世了。别人都跟着去了，我不去就是蠢货。"

在吵吵嚷嚷的声音中，一个声音特别刺耳："海啸……海啸……"

人们跑得更是慌乱与迅疾。

人们的行为表现，就是从众心理的典型外化反映。

在群体心理的感染，或者说压迫下，人们通常都很难做出自主的判断。为了使自己的行为不异于众人，在特定的环境下，人们不得不接受与采纳符合大众的、占据压倒性优势的观念与行为。从人性的角度来看，人们之所以会产生从众心理，是因为人们都有融入群体与被接受的愿望。

需要注意的是，积极的从众心理，可以说是人与人之间的正向感召力，能极大助益从众者构建起更加和谐的人际关系。消极的从众心理，则会使从众者走上错误的道路，与其初心所向之"善"渐行渐远。

那么，就我们每个个体而言，如何摒弃那些消极的从众心理呢？

◎静心思考，不盲目跟风

老子说：“孰能浊以止？静之徐清；孰能安以久？动之徐生。”静下来，才能使浊水变得清澈；静下来，才能使思绪变得清明。

有个小山村盛产某种在建筑里有特殊用途的石头，引得各路建筑材料制造商趋之若鹜。

见此情形，村里的人纷纷放下手里的农活儿，钻进山里头捡石头去了。

唯独村里的一个年轻人没有跟风进山，而是在路上摆起了茶摊。要想喝年轻人提供的茶水，必须要用一块形状奇怪的石头来换。当然，一块石头而已，又值不了多少钱。毕竟，一筐石头也就才十元钱，身体稍微壮一点儿的汉子一天少说也能捡回十来筐。

但没想到的是，年轻人将用茶水换来的石头卖给了制作盆景的商人，而且一块石头的价格比村里人卖给建材制造商一筐石头的价格还要高。

于是，村里的人有样学样，也收集起了那些怪模怪样的石头……

此时，这个年轻人呢，早就不再收集石头了，而是在山上种起了果树。各路水果销售商纷至沓来。

众人进山捡石头之时，年轻人没有从众，而是凭借敏锐的洞察力看到了里面潜藏的商机。以至于后来，众人掉转头来追随年轻人的足迹。从中我们不难发现，从众只会让人丧失竞争优势，而只有能独立思考的人才能引领潮流。在现代社会，要想成功，就要拒绝从众，就要于浮躁的气氛里保持清醒的头脑。人云亦云是很难成事的，不忘初心方得始终。

所以，但愿我们所有人都能坚持做独一无二的自己，时刻都能保持一颗清醒的头脑，拒绝盲目跟风。

◎反思不得不跟从的理由

有一个小女孩非常喜欢看韩剧，更是将剧中的男主视为自己的偶像。女孩买了无数张海报，在房间里张贴得密密麻麻，而且将积攒了好久的生活费花掉，只为去听一场偶像的演唱会。

为此，女孩的母亲很是担心。

有一天，女孩的母亲对女孩说道：“每个人都有自己的偶像，这本是无可厚非的。但偶像的含义可不是指长得好看与有些才艺。一个有精神感召力的人才能称得上真正的偶像。你能告诉我，他是哪一点人格魅力吸引了你吗?”

女孩思索了好半天，才讪讪回答道：“我也说不好，但我周围的朋友、同学都很喜欢他。所以，我也喜欢。”

可以看到，小姑娘的追星完全是一种盲目的从众行为。事实上，在小姑娘的心里，根本就没有足以说服她发自内心喜欢那个明星的理由。亦即是说，小姑娘根本就不知道自己为什么这么做，以及做这些追求的是什么。

若一个人总是活在他人的意见中，而模糊了个人意志，丧失了独立个性，那他就不再是他自己。因为他的头脑及心灵，已经被他人的影子所占据；他的一副肉体，已经沦为受他人控制的傀儡。

每个人的生命都只有一次，所以更应该珍惜，更应该遵从内心的指示，坚持自己对于理想的评判与认知，勇敢地做自己和释放自己的个性，如此才能丰富与完满自己的人生。

◎坚持自己的判断与选择

心理学家曾做过如下实验：

心理学家找来了十个人，其中，九个人是知情者，只有一个人是真正的被测试者。

黑板上，三条长短不一的线段赫然画在上面，很是分明，而且被分别标上了 A、B、C 以示区分。

当着十个人的面，心理学家在黑板上画了一条线段。很显然，心理学家画的这条线段与线段 A 是同长的。心理学家转过身来，问这群人道：“你们能告诉我，我画的这条线段与 A、B、C 三条线段中的哪一条是一样长的吗?”

很快，十个人作答完毕。

九个知情者都回答是 B，而只有那个真正的被测试者回答的是 A。

于是，心理学家特意询问被测者道："你确定我画的线段是与 A 线段同长？"

被测者见那九个人信誓旦旦，又见心理学家面色古怪，磕磕绊绊地回答道："应该……是……B 吧！"

被测者的认知与判断本来是正确的，但在所有人都一口咬定是 B 线段的情况下，被测者动摇了。可以看到，正是因为从众心理的影响，被测者放弃了自己原本正确的选择。这只是一个心理学的小实验，但以小观大，若是在现实生活中因为从众动摇了一个人内心对正确人生观、世界观、价值观的坚守，那所带来的影响力与破坏力可就是巨大的了。

所以说，我们要敢于做从众队伍中的叛逆者，自始至终地相信自我，相信自我能掌握好事情的走向并把握好自我的人生。正是因为有灿若繁星的坚守本心者，我们所处的这个世界才会如此的丰富多彩。

▼

猎奇心理：骚扰人心的痒处

猎奇心理，指的是人们对于自己并不清楚及知晓的事物与观点，出于一探究竟的好奇感，而急于探求真相或答案的心理活动。这种心理似乎有着魔性与魅力，能于无形之中调动起人们的积极性，给予人们勇于探索的动力。

在人际沟通中，我们显然不能忽视人们普遍存在的这种心理，而且要明晰地洞察与因时制宜地操控人们的这种心理。如此，我们才能有效地提高自身的交际效率。

赵煦是一个精明的水果商，在小镇的集市上经营着一家水果店。

有一次，赵煦发现店里新进的一批香蕉出现了外皮变黑的现象。很明显，这种黑皮现象是香蕉因为长时间冰冻而出现的典型特征。赵煦一看就知道了症结所在，为此也是心急火燎。按理来说，这种卖相欠佳的香蕉必须得打折销售。但问题就在于，这批黑皮香蕉的数量太过庞大了。打折力度小，怕是无人问津；打折力度大，那赵煦可就赔惨了。

事实上，这种黑皮香蕉仅是被冻伤了外皮，吃起来的口感反而变得更好了。意识到了这一点，赵煦的心里顿生底气，脸上的愁容也一扫而尽。

次日清晨，赵煦将黑皮香蕉陈列在商店外面，然后死命地吆喝道："新鲜的进口黑皮香蕉，新鲜的进口黑皮香蕉，香甜可口，价格合理。仅此一家，限量销售喽！"

不出赵煦的意料，人们的反应异常的热烈。众人迅速地聚拢在赵煦的商店门口，围观着货架上的黑皮香蕉，议论纷纷。

赵煦当着众人的面，满脸得意地说道："这种模样古怪的黑皮香蕉可是从赤道附近的某座小岛上进口来的，异常难得。而且我听说，全世界也只有那座小岛出产这样的香蕉。现在为了打开市场，所以限时以普通香蕉的价格销售。先买先得，大伙可别错过良机啊！"

很快，赵煦店里的黑皮香蕉被人们抢购一空。

赵煦之所以能将受损的香蕉包装成所谓的进口香蕉卖出去，正是因为他巧妙地利用了人们的"猎奇心理"。在人们的正常认知里，香蕉绝不会呈现出黑皮现象。于是，人们肯定就会好奇：这种香蕉吃起来与普通的香蕉会有什么区别呢？或许，若是你在现场，难免也会于心底发出这种疑问。可以看到，正是这种强烈的好奇心驱动着人们的购买行为。

既然见识了引导与操纵这种普遍存在的心理的效能与威

力，我们就应该学着去了解、洞察、满足及掌控对方的“猎奇心理”，从而经由此途径有效地消除彼此之间的疏离感，以拉近两心之间的距离。

◎制造悬念，抓住对方的心

可恶的是，说书人总是在说到紧要处抛出一句“欲知后事如何，请听下回分解”，便戛然而止。听书人呢，虽有恨恨之意，仿佛心里的蚂蚁窝被人恶趣味地捅了一下，感觉分外难受而又发泄不出，但下次还是乖乖地、津津有味地听说书人娓娓道来。

事实上，这种“下回分解”的小手段为的就是制造一个悬念，吊起人们的胃口，从而激起人们的好奇心。而人们的“猎奇心理”一旦被激发，便再难抑制住求索、探知的欲望与冲动。

某老师举办了一场知识讲座，主讲细节描写。

老师并没有直接切入主题，而是首先提了一个问题：“在座的同学谁能回答我，在回到宿舍摸钥匙开门的动作上，男生与女生会有什么不同的表现？”

这个问题虽然貌似与今天的讲座主题无关，却着实勾起了学生们的兴趣，因为谁都不曾在生活中注意过这个细节。学生们议论纷纷，莫衷一是。

学生们讨论了一会儿后，老师这才说道：“据我观察所知，女生在走到宿舍门之前就会下意识地摸索书包里的钥匙。在门口，女生有时候会将钥匙仔细辨认一番，确认开门的是哪一把钥匙；有时候则听凭感觉但又胸有成竹地随手一插，往往，宿舍门都会‘吱呀’一声开了。男生呢，往往是虎头虎脑地跑到宿舍门口，一顿‘拳打脚踢’，见没人开门，这才想到要寻找钥匙。摸索了半天，好不容易找到了钥匙，又急急忙忙地将钥匙插进锁孔，拧了半天就是打不开……心头的无名火猛地升腾，低头一看，才发现插错了钥匙！”

老师说完，底下顿时笑成一片。在学生们意犹未尽之时，老师趁势说道：“其实，注意男女生在开门时的差异表现，并将之刻画与表现出来，这就是‘细节描写’内容的一种形象表述。而要想将细节描写得真实、细腻而生动，就要求我们必须认真地观察生活中那些容易被我们所忽视的细节。因为这些细节正是我们细节描写所需要的源源不断的素材。”

可以看到，老师在开讲之前故意抛出了一个看似与讲座主旨无关的问题，实则是设置了一个诱发学生们带入与思考的悬念，而后经由解答这一问题顺利地联系到了本次讲座的主题。在此过程中，学生们的关注点始终被牢牢地吸引在对这一问题的思考上。在老师解答之后，学生们对细节描写的内涵或许就有了更为生动与直观的理解。

事实上，在人际沟通中，为了使自己的话语更被人乐于倾听，或者说更容易被人接受，不妨在话语间隙适时地设置一些悬念，激起人们听你说话的兴趣，让人对你的话语失去免疫力，不得不跟随你的叙述逻辑。当然，制造悬念与故弄玄虚可不是一个概念。我们在设置一个悬念的时候，必须要适时地解开一个悬念，亦即是说，我们有必要激起对方的好奇心，也有义务对对方的好奇心予以满足。如此，才不会使人们产生一种受欺骗的感觉，而破坏了你与对方好好沟通的本意。

◎激发欲望，让人无从拒绝

对陌生事物的恐惧是人的本性，想必，这应该无须过多地予以解释。当一种新事物或新观念出现在一个从未有此概念的人面前时，人们的脑海里必定首先会涌出一个叹词：惊世骇俗。

在人际沟通中，很多时候，我们需要传递给对方的信息往往就是别人未曾触及的知识盲点。若是我们勉强别人去接受，失败也就在所难免。这个时候，我们不妨利用一下人们猎奇心理的连带效应，即人们对自己并不了解的却又极为稀少的事物有着一种天然的强烈占有欲。

事实上，这种变相的说服就是将人们的恐惧心理转变成猎奇心理。

有位喜欢周游世界的水手，在世界上的某个地方有幸吃到了土豆——这种在他的国度里没有的食物。水手心想：“若是能将这种适应性强、产量高的作物引进祖国，同胞们就再也不用担心饥饿问题了。”想到这儿，水手很是兴奋，于是带上数袋土豆急忙启程返国。

水手希望王国内那些有权威的人士帮助自己推广土豆的种植，于是，水手找到了农学家，但农学家认为土豆会使王国的土地变得贫瘠；水手找到了医生，但医生认为土豆会危害人们的健康……总之，所有人都对这一新奇的作物抱着疑虑的心理。可想而知，土豆的推广种植是何等的艰难。

但是，水手决不放弃，因为他清醒地认识到了土豆对于王国的粮食生产意味着什么。冥思苦想过后，水手终于想到了一个绝妙的办法。

水手承包了王国里一片出了名的贫瘠田地种植土豆，并雇用了一大帮人看守。紧接着，水手在城里张贴告示：城郊那片荒田里正在试种一种名叫“土豆”的全新粮食作物；新作物不仅美味可口，而且产量惊人；任何人都不许私自接近那片试种田，更不许挖掘地里的土豆。

水手的这一举动引发了王国人民的热议，而且，人们很快发现，那片田地在晚上的时候并没有人看守。

在经过漫长的观望与心理斗争之后，终于有人按捺不住了，趁着月黑风高盗掘了田里的土豆，并将之移植到了自家的园子里。可想而知，已经有人做了出头鸟，后面的人也就纷至沓来。

很快，土豆便在王国内推广开来。甚至，国王都来讨要土豆的幼苗。

可以看到，水手借由一般途径来推广土豆的种植，面对人们的质疑，始终难获其效。万般无奈之下，水手只好拿人性的弱点来做文章。

何为人性的弱点呢？即人们对稀有事物总有一种占有的冲动。而这种占有欲的本质就是人性中生而有之的猎奇心理。水手正是认识到了这一点，才故意张贴告示、派人看守，充分调动起人们的探知欲与占有欲，然后再在适当的时机给予人们放肆心中欲望的机会。就这样，土豆的种植也就变相地得到了推广。

在人际沟通中，尤其是在我们向他人传递一种新观念与新想法的时候，不妨也借鉴水手的操作，经由激发他人的好奇心与占有欲来更好地达到我们传递自我新奇观念的目的。

虚荣心理：满足了才能聊得更愉快

虚荣心，指的是人们对于面子的一种渴求心理。事实上，无论过去现在，无论男女老少，无论贫富贵贱，人人都有这种心理需求。

深究其里，虚荣源自过分的自尊。亦即是说，虚荣心是一种不健康的社会情感，是一个人性格缺陷的表现。当然，我们在这里不是来聊对这一病态心理的治疗，而是为了深化我们对这一心理的认知，并在此基础上更好地实现高效率的沟通。

在人际沟通中，若我们能学会适时、适地、适宜地满足对方的虚荣心理，我们不仅能有效规避各种沟通障碍，而且能在各式各样的社交形式里游刃有余。

郑政是一名油漆推销员，有一天，他踌躇满志地走进一家家具生产公司，希望一举拿下这个大单。

可是，家具生产公司的总经理对郑政并不是很热情，而且开门见山地冷冷说道："若你们的油漆质量不是那么好，价格也没有足够的竞争力，我劝你还是免开尊口。因为，我们已经有稳定而优质的油漆供应商了。"

郑政知道，若是继续强推自己的油漆产品，必将碰得一鼻子灰，所以有必要转换一下沟通策略了。而且，郑政在上门之前早就做足了功课。他从那些与这位总经理打过交道的人那里了解到，这位老总非常有能力，但也很虚荣，非常喜欢听人吹捧他的光辉事迹。

于是，郑政开口说道："王总，事实上，我这次主动请缨来贵公司更多的是出于自我的目的。我很早就听说，贵公司生产的家具在行业内有口皆碑。这次，我是抱着朝圣的心特意来开开眼界的。不仅如此，您的创业经历已经成为人们口口相传并争相仰慕的传奇。我时常在想，若是能当面得到您的指点与教诲，那我必将受益无穷。所以，我这次是特意向您请教而来，真希望您能对我说说您过往那些激动人心的创业经历！"

王总本来僵着的脸被郑政说得都有些发烫了，心想："还从没见过这么能吹捧的人，怕是枯树都能被他吹得开了花……不过我喜欢！"王总笑盈盈地说道："哪里哪里！这么上进、有想法的年轻人不多见了啊！至于我的创业史嘛……"

在王总兴致高昂地讲述自己的创业史时，郑政就一直以一种膜拜的眼神注视着王总，还时不时地点头称是。

王总讲到激动处，猛地拍了一下办公桌，以无比骄傲的语气说道："这张桌子还是我亲自上的漆呢，一直跟随我到现在，早就有感情了！"

此时，郑政敏锐地意识到时机已至，于是站起身来轻轻地敲了敲桌面，又仔细地摸了摸。之后，郑政对王总说道："嗯，从这上漆的手艺来看，想必王总也是一位能工巧手。看看，这款式，这气质，也只有王总驾驭得了。不过，我有一点小建议不知当不当讲？"

"没事没事，有什么建议尽管直言！"王总信誓旦旦地说道。

"王总，您大气！事实上，您的上漆手艺自是没得说，但美中不足的是，这漆的质量欠佳。您看一下……"郑政一本正经而专业地说道。

"小伙子，想不到你年纪轻轻，眼睛却是够毒的。那时候创业艰难，没办法，就只能用……"王总对眼前的年轻人刮目相看。

郑政不失时机地呈上自己带来的油漆样本，并详细地介绍了自己所推销的油漆的各种优势。

心情大好的王总在听完郑政的介绍后，当即拍板与郑政签署了一份采购大单。

可以看到，郑政之所以能成功转变王总的态度，并最终顺利地让王总签单，那一番有意的夸奖与赞赏发挥了巨大的功效。俗一点说，就是郑政的马屁拍到了王总的心坎上。理性来看，这是郑政满足了王总的虚荣心理。

所以说，在人际沟通中，我们要学着去满足对方的虚荣心理，以此来构建更为和谐的人际关系。

◎给予对方心理优越感

满足对方虚荣心的惯用手段，就是给予对方优越感。那么，如何才能给予对方优越感呢？其实，无外乎肯定与赞美对方看重的点。譬如，对方注重穿着，你可以肯定与赞美他的衣品。对方的优越感一旦基于你的肯定与赞美而被构建起来，就会彻底为你敞开心房，允许你触及他内心的柔软处。

从前，有这么一位皇帝，做了一个奇怪的梦。在梦里，皇帝看到老态龙钟的自己孤零零地坐在龙椅上。

皇帝被这个梦折磨得寝食难安，于是找来一名耿直的术士，希望消解心中的困惑。耿直的术士说道："这个梦寓意着您亲近的家人、忠诚的臣子都将先您死去，而您也将成为真正意义上的孤家寡人。"闻言，皇帝怒不可遏，下令处死了耿直的术士。

后来，皇帝找来一个聪明的术士，还是让其解读那个让他惶恐不安的梦。聪明的术士说道："恭喜陛下，这个梦说的是您将成为一位高寿的君主。”闻言，皇帝喜不自胜，颁旨厚赏了聪明的术士。

事实上，耿直的术士与聪明的术士对皇帝的梦是同样的解读，却因为不同的表达方式而获得了不同的结局。表面上来看，是聪明术士的沟通话术发挥了作用，而且我们也不能否认这点。但深层次地来看，则是聪明的术士满足了皇帝心底里那种“唯我独尊”的优越感。

在社会生活中，应该没人不想得到肯定与赞美。而且，任何一个人都必然有我们值得去肯定与赞赏的地方。在人际沟通中，学着去肯定，学着去赞美，学着去给予他人优越感，这既是尊重个人差异性的美德，也是自身逐渐完善的良途。

◎勾动他人内心的柔弱处

上面已经谈及，一个人的虚荣心理实则是过分自尊的表现。于是，人们往往会对别人的意见表现得格外敏感。以至于在面对很多选择的时候，会盲目地迎合别人的认知而不顾自我本心的诉求。所以，在与人沟通时，若我们能了解别人行为表现下隐藏的深沉心理动机，然后有针对性地照拂别人的情绪与感受，或许我们就能与他人达成更好地沟通。

有一天，一个化妆品销售员遇到了一个相当难应付的客户。这个客户做的就是化妆品生意，而销售员所在的公司希望销售员能说服这名客户代销公司的产品。

销售员刚踏进客户的店门，还没开口，就听到这位客户气急败坏地吼道："喂喂喂，我已经多次明确表态了，你怎么又来了？你确定还要在关公面前耍大刀，继续献丑吗？"

销售员不愠不恼，依旧和颜悦色地说道："我知道，您对化妆品的认知非常深入，也是一个销售化妆品的高手。我这次来，主要是想向您请教一下化妆品推销的技巧，还望您能不吝赐教！"

看着小姑娘无辜的眼神，再想想自己做这行的不易，客户的心一下就软了，于是对小姑娘说道："我知道你的来意，也理解你的难处，我答应你，我会在我店铺里销售你们公司的产品。"

小姑娘激动地连称"谢谢"。

人都有被尊重与被理解的需要，小姑娘的成功就在于其谦卑的姿态触动了客户倾诉的欲望，唤醒了客户心底里渴望被人理解的柔弱与理解他人的善意——客户在小姑娘身上投影上了似曾相识的自己，那时那刻，仿佛理解小姑娘的不易就等同于别人理解了自己曾经历的苦与难。小姑娘的虚心求教与诚挚钦佩正是对客户的尊重与理解，换而言之，就是满足了客户的虚荣心理。

在此，我们姑且不谈如何功利地利用他人的虚荣心理来达成自我的目的。仅仅是从拉近人心之间距离的角度而言，给予别人尊重与理解，照顾他人的情绪与感受，两颗滚烫的心才能更好地实现共振与相互温暖。

▼

权威心理：什么人说比说什么重要

一位享誉世界的大数学家在向一群知识渊博的学者做学术报告时，突然问众人道："1+1 等于几?"

顿时，全场寂静，针落可闻。

当数学家给出"2"这个答案时，学者羞愧得简直无地自容。

或许，若底下坐着的是一群还在上幼稚园的小孩子，怕是都已经争先恐后地抢答了。

为什么这群往日里自负才学的学者在面对大数学家时会变得如此愚笨呢？事实上，并不是他们突然失智了，而是权威心理压迫得他们不敢回答。面对数学家的问题，他们可能就会想：这位数学界泰山北斗级别的人物所问的问题一定没有那么简单，必然会有什么深刻的奥义隐含其中。

上述的心理活动就是权威心理的典型反映。那么，究竟何为权威心理呢？

通俗而言，权威心理指的是，一个在某方面有绝对话语权的人所说的话、所做的事，人们往往会选择相信，即使有悖于自己的认知，也只会检讨自己的错处，而不敢有所悖逆。而且，我们会发现，权威心理在中国人身上体现得尤为明显。或许，每一个中国人时刻都如此警醒自己："人微言轻，人贵言重。"是故，中国人向来都是从者众而言者少。

在某大学心理系的一堂课上，教授将一名来宾隆重地介绍给了自己的学生："他是我的一位挚友，也是一名在国际上有着极高声誉的化学家。"

"我这次来，主要是想分享一下我的研究成果。最近，我正在研究一种物质。这种物质的挥发性极强，气味很小，完全无毒无害。当我拔掉瓶盖的时候，它就会立刻挥发出来。若是你们闻到气味，就举手向我示意一下，好吗？"教授口中的化学家指着手中的小瓶子对学生们说道。

说完，化学家就拔开了瓶塞。很快，学生们一个接一个地举起了手。

这时，一直在旁边冷眼旁观的教授开口了，说道："其实，我这位朋友只是学校的一名花匠，而那个瓶子里装着的也不过是蒸馏水而已！"

学生们宁可相信一个戴着权威帽子的人，也不相信自己的鼻子，由此可见，权威在人们心里有着多么重的分量。

人们为什么会有这种近乎盲目的权威心理呢？一是人们认为追随权威就能有效避免犯错的可能。二是权威代表着主流认知，或者说能引领主流认知；自己选择追随权威，也就站在了多数人的立场上。三是即便追随权威犯错了，天塌了自有高个子顶着，自己也无须为自己的盲从付出多大的代价。

仅针对沟通心理学而言，人们的权威心理实则也是我们可以加以利用来实现良好沟通的宝贵资源。在人际沟通中，更为现实的运用是，我们可以利用权威效应达到引导或改变对方态度与行为的目的。

◎以权威之名，打通人情

俗话说，有人的地方就是江湖。任何一个江湖里都会有一个老大，而这个老大就是这群人里的权威。又有言道，人情世故即是江湖。或许，权威的一个便利就是，谁都会给几分面子。尤其是在中国这个人情社会里，背靠一个权威，行事也会多几分方便。

某公司营销部门的主管职位出现了空缺，故面向社会招聘有志、有才的人来担任这个重要的职务。

在经过层层选拔之后，只有两个人进入到最后的环节。人事专员非常为难，因为这两个人无论是在工作经验还是在工作能力上都难分伯仲。为此，人事专员只好先让这两个人回去等消息，再从容而全面地做出权衡。

吴涵就是这两个应聘者之一，面对这个可以一展所长的工作机会，他可不想听天由命地被人选择。于是，待另外一个人走后，吴涵找到人事专员，毕恭毕敬地将一个文件夹递给了人事专员，同时说道："这是我以往的营销策划方案，望您能给我指正一下。"见吴涵的态度很是诚恳，人事专员也不好拒绝，于是接过文件开始翻阅起来。

只翻开第一页，一份推荐信就突兀地跃入眼帘，人事专员有些错愕。令人事专员错愕的并不是这封推荐信本身，而是这封信的署名，因为这个名字在公司所在的行业里简直就是神一样的存在。人事专员赶紧询问吴涵与这个人的关系，而当得知那个厉害人物正是吴涵的叔父后，人事专员当即表态："恭喜你正式成为我们公司的一员。"

由此，吴涵借助叔父的威名成功地取得了应聘的职位。

可以看到，吴涵在适当的时候巧妙地亮出自己叔父的名号，由此便取得了面试的成功。抛却阴暗的心理，与其说是人事专员企望通过吴涵来巴结他的叔父，还不如说是人事专员对吴涵叔父推荐的信任。一个能得到权威认可的人，必然不是一个庸碌无为之人，这或许是每一个人心中根深蒂固的认知，而且往往被证明是正确的。

在人际沟通中，借权威之名就能有效地影响他人，改变他人的态度与观念，从而达成高效的沟通。归纳而言，权威效应既是一种能够诱导他人心理的心理暗示，也是一种卓有成效的控场技巧。

◎以权威之势，助益人生

权威效应的另一个内涵就是利用角色扮演来说服对方。譬如，若你换作是我，你该如何呢？这种“角色扮演”能诱使对方站在你的立场来考虑问题，也就能使对方更好地理解你的处境、意图与情感，从而实现说服对方的目的。

美国某陆军上将从小就非常喜欢军事，并一直憧憬着有朝一日能成为一名驰骋沙场的将军。

1929年，美国进入了令人绝望的大萧条时期。企业破产、工人失业……无数的人流离失所、食不果腹。当时，年轻人都削尖脑袋往各大军校挤，至少军校还能提供一份还算体面的生活保障。

无论是出于生计的考虑，还是出于继续自己儿时梦想的追求，这名日后的美国陆军上将当时就下定了这样的雄心：“我一定要进入军校，而且还是进入到最好的西点军校。”但现实是，西点军校的招生名额早就被那些有门路、有背景的人占据了。他只是一个升斗小民，又有什么好的途径与办法进入西点军校呢？

正所谓：“天不助人，人自助。”他鼓足勇气，逐一拜访了那些身份尊贵的人。面对那些地位显赫的人，他都如此说道：“我是一名有梦想的美国青年，从小就立志有朝一日一定要进入西点军校学得真本领，然后报效国家！若您的子弟处在我目前的境地，不知您该当如何？”

凡是那些听过他这番话的大人物，基本上都会给他一封推荐信。还有些人更是积极地为他运作，联系那些更有办法的人物。最后，他终于如愿以偿地进入了西点军校。日后的美国又多了一名陆军上将。

俗话说：“人不为己，天诛地灭。”爱己所私是人之常情，我们毫无理由站在道德的高地来指责别人的自私。其实，这种人性之私又何尝不是每一个人心中有着无比重的分量的存在。外在一些有话语权的人物可谓权威，内在那些有压倒性优势的心理又如何称不得权威呢？所以，我们应该学会认知、接受及利用这种“心理权威”，来更好地实现我们说服的目的。在人际沟通中，别人在回答“若你是我……”这个问题的时候，不自觉地就会将自己投射在你提出的问题当中，不谈多大的收获，最起码，他的回答已为我们提供了相对客观的解决方法。

▼

互惠心理：投我以桃，报之以李

心理学家做过这样一项实验。

他在电话黄页上随机选取了一些人，然后给他们每个人都寄去了一张精美的贺卡。结果，在这群莫名其妙收到贺卡的人中，大部分人回赠了卡片。而且，有人还在回赠的贺卡上附上了感谢信。事实上，心理学家与这些人互不相识。

人们在收到贺卡后选择回赠贺卡的举动，实际上就是互惠心理的表现。

互惠心理指的是，人们获得了别人给予的善意，也会回馈自己的善意。在人际沟通中，若你在阐述观点时做出一定的让步，对方会因为互惠心理的作用，也做出相应的让步。最终，双方就能有效达成意见的一致。我们会发现，这种“相互让步”已经成了约定俗成的沟通法则，深刻地影响着人们的沟通行为。

节假日的时候，周汐特意跑到商场去选购化妆品，想着一定要好好拯救一下自己的这张老脸。

周汐在商场转了很久，最后将目光锁定在了两个品牌上，但一时之间还难以做出抉择。

当周汐再度返回其中一家品牌店的时候，该品牌店的导购员敏锐地觉察到周汐就要下定购买的决心了。于是，该导购员很热情地迎了上去，对周汐说道："小姐，不知道您看中了哪款化妆品？若您还没想好的话，不妨试用一下。而且，您大可放心，这些试用小样都是免费提供的。"

周汐在导购员的鼓动下，一一试用那些小样，感觉都很不错。但是，周汐还是有些犹豫。毕竟，该品牌的产品相较于自己看中的另一品牌的产品要贵上许多。看到周汐的神色变化，机敏的导购员似乎洞穿了周汐的心思，于是赶紧补充道："小姐，凡是在我们店里购买化妆品的客户，都能享受九五折的优惠，还能得到附带的几样赠品。虽然大瓶的化妆品价格有点儿高，但赠品的价值也是不菲的，其实这样一算下来，绝对比您购买其他品牌同价位的化妆品要划算很多。而且，若您使用满意，再度光顾鄙店的话，您就能享受到老客户优惠，不仅打折力度更大，而且送的赠品也更多。"

听了导购的话，周汐觉得自己是应该掏钱购买了。不然的话，都对不起导购员的热情接待。就这样，周汐乖乖地买了单。

该化妆品店的导购员正是利用了互惠心理才最终成功地促成了周汐签单。附带的赠品、承诺的折扣、周到的服务，这一切都让周汐觉得要是不掏钱都有点儿不好意思了。

人心难测，有时戒备森严让人难以靠近，有时又彻底敞开让人易于触及。关键在于，在人与人的沟通中，你是否给予并让人感受到了你的善意。不妨想想我们自己，面对那些与我们谈笑风生的人，你还好意思摆着一副冰冷的面孔装不食人间烟火的高人模样吗？

所以说，在人际沟通中，你想要得到什么就要先给予别人什么，而且，你的给予很有可能会得到十倍百倍的回报。

◎利用互惠心理让人无法拒绝

面对别人求助的时候，想必每个人都曾有过这样的心理活动：“嗯，这忙我还能帮得上！谁还没有个需要别人帮忙的时候，说不定哪天我也需要他帮忙呢！现在不妨就卖他这个人情，到时我也好开口！”这就是典型的互惠心理。

受人恩惠的人，就会在内心产生一种负债感，就会总是想着回报。知恩图报，大抵就是这层意思。正是因为认知到了这点，所以智慧的人们总是不吝给予别人人情。而且，我们也常能看到，那些平时乐于助人的人，在其需要帮助的时候，会有更多的人愿意伸出援手。

李岳曾做过这样的实验，他邀请一群人来给自己的画作评分。

第一次，李岳邀请了十个人。在人们评分的间隙，李岳出去了一会儿，并带回了一箱矿泉水与一箱面包，分发给了那些评分的人。李岳如此对人们说道：“大家辛苦了，歇息下用点儿饮食吧！”

第二次，李岳邀请了另外十个人来给同样的一幅画作评分。期间，李岳也出去了一会儿。与上次所不同的是，李岳这次两手空空地回来了。至于其他方面，李岳都表现得一模一样。

亦即是说，这两次实验的唯一变量就是，李岳在第一次给了评分的人一点儿小恩小惠，第二次则没有。

分析这两次的评分，李岳发现，第一次的评分普遍要高于第二次的评分。

从实验中不难看出，李岳施与恩惠的行为激活了人们报答的心理，给予的评分往往也会高于人们认知的客观标准。

事实上，一个人只要接受了别人的恩惠，无论大小，都会产生一种负债感，都有伺机报答的心理需求。基于此认知，在人际交往中，我们可以在自己能力范畴之内尽量地对他人提供一些帮助，以便在我们陷入困境的时候使得他人无法拒绝我们的请求。因为，互惠心理下的负债感使得他们必当“滴水之恩以涌泉报之”。

◎利用互惠心理巧妙达成共识

三国时期，诸葛亮为了巩固“联吴抗曹”的国策，派遣邓芝为使者前往东吴游说吴主孙权。

但是，当邓芝抵达东吴后，犹豫未决的孙权避而不见。为了能早日达成使命，邓芝特地写了一封信给孙权，信上言道：“我是为东吴的利益而来，若大王不愿召见我，那我只好启程回蜀了。”孙权看到信后，遂决定召见邓芝。

邓芝入殿觐见之时，看到殿前架着一口油锅，两旁执戟武士气势威武，心里想：“吴国君臣这是在给自己下马威啊！”然而，邓芝神色如故，步履从容地进入殿中。

与孙权见礼之后，邓芝说道：“我为东吴的利益而来，大王难道是这样招待贵客的吗？”闻言，孙权心生惭愧，自感气度狭小，于是屏退武士、命人撤去油锅，并赐座给邓芝。

邓芝问孙权道：“如今天下三分，魏国势强，吴、蜀两国势弱，不知大王愿与哪国联合？”

孙权说：“孤自然知晓唇亡齿寒之理，然恐蜀国国力不济，难以抗衡魏国。”

接着孙权的话，邓芝开始侃侃而谈：“大王雄姿英发，为天下豪杰；我主新立，其岁虽幼，但诸葛丞相承先主重托，必当尽心竭力辅助吾主匡扶汉室。若吴、蜀两国联合，何愁大事不成。退而言之，蜀地形势艰险、易守难攻，吴国更是有长江天堑为屏障，自可守国土、保社稷。如大王归附魏国，则必须遣王子入质魏国，方可消魏国疑心，想必大王断不愿如此。到那时，见大王不愿臣服，魏国必兴兵讨伐。若我国趁机顺江东下，东吴腹背受敌，形势危矣！”

为了坚定孙权的心志，邓芝补充道：“若大王觉得我所言虚妄，即可将我投入油锅，我虽死无怨！”

孙权权衡利弊之后终于下定了“联蜀抗曹”的决心，并以上宾之礼款待了邓芝。

邓芝站在东吴的立场为孙权分析天下形势，并清楚地阐释了吴、蜀联盟的互惠关系，由此而完成了自己的使命。事实上，任何流畅、高效的沟通都是建立在互惠互利的基础上。在人际沟通中，我们要想得到自己的利益，就要秉承互惠互利的原则，首先给予别人相应的利益。否则，我们的利益诉求只会被人毫不留情地拒绝。

同理心测试

测试内容

1. 一群人自愿参加某项带有危险性的实验。实验开始前，有些人感到局促不安，有些人则较为镇定。在实验开始前半小时内，那些感到局促不安的人会采取什么行动？

A. 希望实验开始之前到隔壁房间等候

B. 希望与同样感到不安的人一起等候

C. 希望与比较镇定的人待在一起等候

D. 既不想独处也不愿与别人一起等候

2. 有一个人在与某人首次打交道时，对其印象很差，并有很深重的厌恶情绪。若再次碰到这个人，他会如何？

A. 尝试改变关系

B. 维持关系不变

C. 更加讨厌他

3. 让大学教授、一般民众、罪犯说同一番话，并进行录音，然后将这些内容完全相同的录音放给不同的人听。给听众最大影响的是谁？

A. 教授

B. 民众

C. 罪犯

4. 在一个团体中，某种技艺水平评价最低的人，经过努力，其技艺水平逐渐超过了评价最高的人。此时，团体中的其他成员会如何反应？

A. 肯定那个原本评价低的人

B. 排斥那个原本评价低的人

5. 让刚买车的人与常年开同型车的人翻阅汽车杂志，谁会特别留意与自己的车同型的汽车广告？

A. 买新车的人中，看自己新买汽车的广告比看其他品牌汽车广告的多28%；本来就有车的人，看自有汽车广告的比看其他品牌汽车广告的多4%

B. 买新车的人中，看自己新买汽车的广告比看其他品牌汽车广告的多4%；本来就有车的人，看自有汽车广告的比看其他品牌汽车广告的多28%

C. 二者是一样的，看其他品牌汽车广告都比看自有汽车广告的多11%

6. 在做题为“为什么青少年不能开车”的演讲之前，心理学家将青少年分为两组，一组知道题目，一组不知道题目。哪一组会更受演讲内容的影响？

A. 知道题目的一组

B. 不知题目的一组

C. 两组都受到影响

7. 心理学家让人看两幅画。一幅画让他们看 20 次以上，另一幅画只让他们看 2 次。哪一幅画会更获好评？

A. 少看的那一幅画

B. 多看的那一幅画

C. 两幅画没有差别

8. 房间里有几个好玩的玩具，一组孩童可以直接进去玩耍，另一组孩童需要在门口等一会儿后才能进去。哪一组孩童更易弄坏玩具？

A. 两组孩童是一样的

B. 立马进房间的孩童

C. 在房外等候的孩童

9. 让愤怒与平静的被实验者看刺激电影和温馨电影。看完之后，谁的反应最激烈？

A. 看刺激电影的愤怒者

B. 看温馨电影的愤怒者

C. 看刺激电影的平静者

D. 看温馨电影的平静者

10. 请被实验者尝尝某种已将苦味稀释过的液体，有 70% 的人说苦，30%的人说没有味道。然后把尝不出苦味的 9 个人与感觉很苦的一个人聚在一起，请尝出苦味的人说说那种苦的味道。最后，这 10 个人的感觉会有什么变化？

A. 感觉苦的人影响了感觉不苦的人。第二次试饮时，那些原本不觉得苦的人也觉得苦了

B. 感觉不苦的人影响了感觉苦的人。第二次试饮时，那个原本感觉苦的人也不觉得苦了

11. 处于不安状态与没有处于不安状态的人，谁会对陌生人感到强烈的不安？

A. 两者没有什么差别

B. 处于不安状态的人

C. 没有处于不安状态的人

12. 观看了《变形金刚》电影与歌舞剧的观众，谁更具有攻击性倾向？

A. 看《变形金刚》电影之前的观众

B. 看《变形金刚》电影之后的观众

C. 看歌舞剧之前的观众

D. 看歌舞剧之后的观众

E. 无法确认他们的差别

13. 要求初中生、高中生、大学生、社会人士，判断几项陈述是否正确。一个月后，再要求他们对相同的陈述下判断，但这次却先告诉他们“你们的判断与大多数人不同”。这个补充说明会带来什么影响？

A. 64%的初高中生、55%的大学生、40%的社会人士更改他们的判断

B. 64%的社会人士、55%的大学生、40%的初高中生更改他们的判断

C. 每组中都只有少部分人更改他们的意见

14. 在讨论会中，不发言的沉默者与参加讨论者，谁较容易受团体意见的影响？

A. 沉默者

B. 发言者

C. 无差别

测试结果

（答案：1B、2B、3A、4B、5A、6B、7B、8C、9B、10A、11B、12B、13A、14B。答对得一分，错选无分。）

		14~16 岁	17~21 岁	22~30 岁	31 岁以上	同理心
分数区段		7~14 分	10~14 分	13~14 分	11~14 分	非常强
		6 分	8~9 分	11~12 分	9~10 分	强
		4~5 分	6~7 分	7~10 分	5~8 分	适中
		2~3 分	2~5 分	5~6 分	3~4 分	弱
		0~1 分	0~1 分	0~4 分	0~2 分	非常弱

第二章

想要走进他人心，会说也要会倾听

▼

懂得倾听的人，更能赢得他人心

倾听，是一门人际关系的美学。懂得倾听，一个人才能构建起更为和谐的人际关系。正如人们常说的，懂得倾听的人最有人缘。

在一次宴会上，岳仁遇到了一位非常知名的植物学家。在此之前，岳仁从未接触过植物学方面的学者。所以，岳仁像着了魔似的坐在椅子上认真倾听植物学家讲述那些稀奇古怪的植物的知识。

宴会上还有很多岳仁熟识的客人，但岳仁似乎早忘了那些老朋友的存在，完全沉浸在了植物学家讲述的世界里。其间，岳仁几乎没有说话。而岳仁也不是不想说话，只是他在植物学方面的知识实在是太匮乏了。于是，岳仁便认真地、静静地倾听植物学家谈话。植物学家说得眉飞色舞，岳仁听得兴致盎然。最后，岳仁对植物学家说道："您今天的指导让我获益良多！我多么希望能再次见到您，并与您再做这般的沟通与交流。”

深夜时分，宴会终于要散了。当岳仁向主人告辞时，岳仁听到植物学家在主人面前一个劲儿地夸奖自己。植物学家是这么说的：“您的那位客人真是一位风趣、健谈、有思想且富有激励性的人。改天，还希望您能给我引荐一下！”岳仁开怀地笑了，心里暗想道：“我哪里是什么健谈的人，不过是善于倾听、鼓励他人说话罢了！”

懂得倾听的人更能赢得他人的心，就心理学层面而言，这是因为倾听就是对人最好的尊重与赞美。懂得倾听，不仅能体现一个人良好的修养与美德，而且能有效地获得难能可贵的人世间诸般情感。

◎倾听是对人最大的尊重

哲学家常说道：“沉默是金。”事实上，倾听才是真金。在人际沟通中，耐心、认真、专注地倾听别人的话语，将会给予人莫大的满足感与成就感。如果你想要让对方在与你的交往中感到被尊重，那就想方设法地为对方营造一种“我被他重视”的感觉。基于这两点，或许我们就能下定这样的论断：倾听是对人最大的尊重。

希腊船王奥萨斯，全球著名的亿万富翁，也是世人皆知的花花公子。

他的情史异常丰富，而且交往的都是些有身份、有名誉的精英女性，诸如女歌唱家玛利亚·卡拉斯，美国前第一夫人杰奎琳。

有记者在一次对奥萨斯的访问中问道："您何以获得如此多优秀女性的青睐？"

奥萨斯就回答了一句话，而这句话便足以让众人哑口无言。奥萨斯如此说道："当她们说话时，我都会安静地倾听！"

奥萨斯之所以能赢得那么多优秀女性的心，靠的并不是我们无可企及的财富，凭借的恰恰是任何一个人都能修养而来的倾听美德。但是，正是这份人人都能修养而来的倾听美德，又有几人做到了呢？以别人的成功经验反照自身，或许，我们就能深刻地明白这一点，借由倾听所传递出的对他人的尊重，正是你身上吸引他人的闪光点。

◎倾听是对人最好的赞美

用心倾听对方讲话就是对人的一种赞美，而且这种无声的赞美往往胜于有声的赞美，更能给予人欢愉。

乔·吉拉德，世界上最伟大的汽车推销员，曾经有过这么一次让他记忆深刻的失败推销经历。

那次，吉拉德本来与客户谈得好好的，而且客户已经明确表明了购买的意向。然而，就在临签单之际，客户突然变脸，愤然离去。吉拉德心中怎么也想不通，客户明明非常中意自己推荐的那款车，为什么最后关头会突然转变态度。于是，吉拉德拨通了客户的电话。

在经过一番沟通之后，吉拉德这才明白了问题的症结所在。原来，客户在表明购买决心后向吉拉德提起了他的儿子有多么乖巧、机灵、优秀……然而，吉拉德当时还沉浸在胜利的喜悦中，一心只想着快点拟订好合同让客户签单，也就没有在意客户聊起的与这笔生意无关的话题。客户本希望从这个自己给予了其生意的推销员身上得到一些赞美的话语，可吉拉德没有领悟到客户的这一心理需求，选择性地忽视了，自然惹得客户不大高兴。

吉拉德总结道："正是我没有认真倾听客户的话，最终才导致了这笔生意的失败。"

每个人都会有被肯定、被赞美、被慰藉的心理需求，若你想提升自身在对方心中的分量，你就可以经由倾听这一无声的赞美打动对方的心。

▼

擅讲不如善听，做个好的倾听者

有调查表明，善于倾听的人比那些能言善道者会有更好的人际关系。事实亦是如此，每个人都有表达自己的愿望，善于倾听的人能充分满足说话者的表达欲，自然是能得到更多人的喜欢与亲近。

小张在公司干得很不顺心，考虑良久后，终于向经理递交了辞职信。

面对小张的辞呈，经理很是诧异，于是开口挽留道："小张啊，你是公司的老人了，而且工作能力非常强，公司也是有意培养你。我不清楚你为什么要辞职，但是我希望你能慎重地考虑一下！"

小张刚想开口诉说心中志不得伸的委屈与愤愤不平的苦楚。经理又急不可耐地说道："我真想不出任何你要辞职的理由，干得好好的，未来的发展也翘首可望，正该沉心积累、砥砺前行，干吗要自毁前程呢？而且，现在经济不景气，找工作也不是那么容易了。你说是不是？”

小张心里想：“是你个鬼！升职加薪的时候从来不考虑我，就连进公司才一两年的小何都爬到我头上了，我还有什么劲头工作。哼，你也别吓唬我！就算工作不好找，我也饿不死。”

经理本想让小张说出之所以要辞职的心里话，然后有针对性地进行挽留。但现实是，经理一个劲儿地在说教，根本不给小张说话的机会，自然触发了小张的反弹情绪，事态的发展不可避免地与经理的初衷背道而驰。总结而言，经理因为只说不听而失去了一位得力干将。由此可见，擅讲不如善听。

仅就人际沟通而言，将话语权交给别人，当一个好的听众，他人才更愿意与你交往。因为在你身上，别人的表达欲望能得到更好地宣泄与释放。当然，做一个好的倾听者也并非易事。

那么，在人际沟通中，我们如何更好地去倾听呢？

◎耐心地去倾听

犹太人认为，要想取得人际沟通的成功，你只需要耐心地倾听对方的讲话就足够了。

然而，很多人都不明白这样的道理。在人际沟通中，更多的人倾向于自以为是地侃侃而谈，而对倾听别人的讲话缺乏应有的耐心。或许，这就是很多人遭遇沟通不顺问题的根源。

每个人都有倾诉的欲望，当这种欲望得到释放的时候，人们往往会得到莫大的满足感。即是说，在人际沟通中，我们应该将话语权交给对方，然后耐心地倾听别人的表达，给予他人尽情表达的尊重感与满足感。如此，我们才能与人和谐、顺畅地沟通。

公司客服人员小诺始终秉持这样的人生信条：耐心倾听别人的怨气。基于此，小诺的工作干得有声有色，深得老板的赏识。

一次，公司收到了一份投诉信。在信中，客户措辞严厉地斥责了公司的售后服务是何等的恶劣，并表示，若公司不能给予一个合理的解释，他下次寄出去的就将是举报信。

为了妥善处理这件事，老板特意委派小诺前去调解。在前往客户家登门道歉之前，小诺特意在客户家所在的小区打探了一下客户的信息。原来，客户是一名退休教师，独居，而且性情有些倔强。

在小诺登门表明来意之后，老人便开始了一个劲儿地抱怨，有时甚至还会冒出几句脏话。在这个过程中，小诺一句话也没有说，就那样耐心、认真、恭敬地听着老人念叨。也不知过了多久，老人才偃旗息鼓。

这时，小诺开口道："尊敬的先生，我谨代表我的公司向您表达最真诚的歉意。而且，我在此保证，一定会为您解决好问题。再者，若您对我的公司及我个人有任何的不满，您都可以直言相告，千万不要因为不良情绪的郁积而影响了身体。"

见小诺的态度甚为真诚，老人家神色一柔，面含笑意道："年轻人，你说的这几句话还算中听，我老头子接受你的道歉。还有，也请你原谅我刚才的失态与粗鲁，我是对事不对人，并不是有心刁难你。”

小诺接话道：“嗯，我完全能理解您的心情。没能让客户满意本就是我们的过失，我们当然要虚心聆听客户的反馈与建议，您又有什么需要向我道歉的呢！”

“哈哈，就看在你的面子上，我也不好意思再找你们公司的麻烦了！”老人家爽朗地笑道。

耐着性子去倾听，绝对是利大于弊。就像小诺那样，经由耐心地倾听老者喋喋不休的抱怨，从而有效纾解了老者的不满情绪，顺利地为公司解决了一个大麻烦。

我们要深刻地认识到，在人际沟通中，耐心倾听他人讲话不仅是一种沟通的实用技巧，而且是为人处世的精深艺术。掌握这门技巧，玩转这门艺术，你的人际交往将无往不胜。

◎认真地去倾听

研究表明，导致沟通不顺的很大一部分原因是沟通一方的话实在是太多了。事实上，在人际沟通中，口若悬河并不一定会受人欢迎，而认真倾听则一定会被人喜欢。所以说，当你没有用话术打动他人内心的自信时，那最好还是用认真倾听的姿态去让人认为你是一个值得交往的人。

有一个机械加工厂的老板，在商场摸爬滚打多年后萌生了退意，于是便着手处理厂里的设备。

他那些宝贝虽然跟着他奋战了多年，但即便是放在现在也算得上是高、精、尖的“神器”。考虑到这些，这位老板认定，再不济，这些设备至少还有100万人民币的价值。

很快，就有意向客户前来接洽。在视察设备的时候，客户甚是挑剔，简直有些鸡蛋里挑骨头的意味。这让老板很是不爽，几度想发作，但想着要尽快处理掉这批设备，也就忍了下来。就这样，老板静静地听着客户滔滔不绝地讲着自己设备的缺点与不足，直至客户讲乏了、讲得无话可说了。

看着客户不大满意的神情，老板赔着小心说道：“我这些设备您也看到了，无论好与不好，我也不多说什么了。您就说说看，您能给出什么价钱？”

客户以一种胜利者的口吻说道：“哎，老兄，你这些设备可都是老古董了，我还真有些看不上。但看在我们是同行的分上，我最多给你200万人民币，你看如何？”

老板一听，暗自心惊：“哎呀，幸好刚才没发作，要不然……”虽是这么想，但老板强装出一副无奈的神情，哀怨地说道：“罢了，罢了，200万就200万吧！要不是急于出手，就算我愿意贱卖，怕是我这批进价1000万人民币的设备也会抗议啊！”

就这样，机械厂老板原本打算以100万人民币转让的设备最后以200万人民币的价格成交了。

正所谓：“静者心多妙，超然思不群。”认真倾听的妙处在老板身上体现得淋漓尽致。

一个是滔滔不绝，一个是认真倾听，而100万的差价便是这场沟通中善听者的报酬、不善听者的代价。

▼

听言辨心，悟出对方的真实想法

在现实生活中，很多时候，人们会选择委婉地表达自己的意思。俗话说：“锣鼓听声，听话听音。”作为倾听的一方，不仅要听清别人话语表面的意思，而且要听清别人话语里潜藏的深意。

在人际沟通中，只有听明白别人话语里的深层含义，悟出别人意图表达的真实想法，我们才有更多的周旋余地与应对空间，我们在人际关系中才能更好地左右逢源、自如进退。

南朝重臣刘裕因军功进位为宋王，权倾朝野，野心勃勃。

一日，刘裕宴请诸大臣。在酒宴上，刘裕对众人说道：“我举义旗，除奸凶，安社稷，戎马一生。如今，四海升平，我愿已足。衰病之身，只盼去官还爵，于京城做个富翁以享晚年，便再无憾矣！”

众人听他这么说，纷纷劝慰与恭维刘裕道：“宋王高义，然则朝廷无一日不可无宋王，还望宋王不辞辛劳，继续扶保我主、维系社稷。”宴会之上，只有傅亮默不作声，也只有他听出了刘裕话语里隐含的深意。

散宴之后，傅亮单独面见刘裕，也没有多言，就说了一句：“微臣愿意替宋王去京师走一遭。”闻言，刘裕喜不自胜，但也并不说开，只是问傅亮道：“不知傅兄需要多少人为你送行呢?”傅亮答道：“数十个足矣。”

后来，傅亮进京逼迫皇帝写下了禅位诏书。就这样，刘裕顺利登基称帝。

当然，刘裕甫一登上帝位就厚赏了傅亮。

傅亮听懂了刘裕明面话语下的隐含之意，由此而挣得了极大的现实利益。其实，人心、人情、人性，以及听话的技巧、交际的艺术，古今相同。做好“听话听音”这门学问，无论在何时都非常重要。精通了“听话听音”这门学问，我们就能更为真切地了解对方的真实想法，从而做到机智应变，使自己永远立于不败之地。

◎知人未尽之意

纪伯伦曾说：“了解一个人，不是去听他说出的话，而是去听他没有说出的话。”

通常而言，一个人不会在言语中直白地表述自己的真实诉求，但他的情绪、情感及意见总会在其表述的过程中露出蛛丝马迹。亦即是说，要想听懂别人话语里的弦外之音，首先就得要求你有一颗敏感的心。

山上住着一家农人，虽辛勤耕作，但日子过得还是很清苦。

一日，有远客来访。主客久不照面，相谈甚欢。为此，主人特意置办了一桌酒席款待客人。酒菜虽不丰盛，但也是倾尽主人全家之力才好不容易凑够了这一桌还算看得过去的酒席。

不承想，酒足饭饱之后，客人并没有打道回府的意思，反而在农家住下了。

一连数日，主人都尽心招待，但是日益感到吃力。主人家已是捉襟见肘。为此，主人很是苦恼，但又磨不开脸面直言送客。

一天，主人在陪客人闲谈的时候，看见有一只鸟儿正歇在自家庭院的树上躲雨。主人灵机一动，心中便有了计议。

主人开口对客人说道："您不嫌鄙室寒陋，陪我吃了这数来日的苦，而我都拿不出什么像样的菜肴招待您，实在惭愧之至！"

"千万别这么说，您对我照顾得已经足够好了，我心中不知有多感激您！"客人连忙说道。

"不，不，不，那是因为您不嫌弃！"主人连连摆手道。

"我说的是真心话，有您的照顾，我是吃得好、睡得好，不知道多么快活。"客人一副知足的神情说道。

"您看到树枝上停歇的那只鸟了吗？"主人突然问道。

“嗯，我注意到了，怎么了?”客人不解地问道。

“没什么，我就是在想，或许我应该砍了那棵树，将那只鸟抓来做我们的下酒菜。不然，我们饮酒的时候怕是没有下酒菜了。您觉得我的主意怎么样?”主人意味深长地看着客人说道。

客人一听主人的话，呆了半晌，然后面带惊疑地说道：“您怎么会有这样的想法？当您砍树的时候，那鸟怕是早就飞走了！”

主人愕然，恐是没想到世上还有这般呆愚之人，于是没好气地说道：“那鸟一看就是只呆鸟，即便是大树倒了，它也是不知道要飞的！在这人世间，多的是如这呆鸟一般不知人情世故的家伙！”

不通人情世故的客人没有听出主人的弦外之音，结果成了不受欢迎的人。在人际沟通中，若无法敏锐地洞悉别人话语里的弦外之音，就很有可能使我们像故事中的客人那般陷入糟糕的人际关系之中。

◎辨人心思诡沉

《礼记·乐记》有云：“凡音之起，由人心生也。人心之动，物使之然也。感于物而动，故形于声。声相应，故生变。”人们内心世界的诸多活动，必然会在声音上有所体现，是为“心气之征，则声变是也”。反过来，我们就能从中得到很好的启示，就能于别人的话音中了解其心、了解其人。

春秋时期，郑国大夫子产外出巡察，见到一个女子正在一座新坟前哀哭亡夫。中年丧夫，世所大悲。人之常情，怕是莫不心感悲怜。然而，子产反常地命令随从立即逮捕那名女子。众人虽是不解，但无奈只得依令而行。审问之下，才知那女子与人私通，谋害了亲夫。

事后，有好事之人询问子产道："为何您能明辨原委、洞悉奸邪？"

子产解释道："听那妇人的哭声，没有哀恸之情，反蓄恐惧之意，故疑其中有诈！"

可以看到，子产正是善听话音，所以才能准确识别妇人的真实面目。由此而推及人际沟通的一般场景，善听话音，我们或许就能更好地判断一个人的内心世界。知其内心之所想，知其情绪之高落，知其人性之善恶，也就能更好地指导我们避恶趋善、圆融应对！

▼ 放慢匆忙的脚步，聆听他人的心声

倾听的重要性想必已无须赘言，但是，有很多人只是粗浅地将倾听理解为听见。无须讳言，这种误解是极为危险的。

生理上的听见并不代表着思想上的理解，若仅仅是听见而不过脑、入心，那再多的倾听做的也只是无用功。缺乏理解的倾听，让说话者切身感受到的怕也只是你敷衍的态度。

一个成熟的倾听者，或者说一个优秀的沟通者，不只要沉下心去听清对方的话语，更要用心去听懂对方话语里潜含的意图，从而在理解的基础上更好地照拂人的情感并做出恰当的回馈与反应。即便从听话者自身的需求而言，也只有听准了对方的表达，理解了对方的意图，自己的行为处事才能更加有方向性与效率。

所以说，在人际沟通中，我们要学着去听准对方的话语，经由分析、解读，更准确地理解对方表达的意思，以此来与对方实现更为高效的沟通。

在刺杀董卓失败后，为躲避追杀，曹操逃至世代与曹家亲厚的吕伯奢家避难。

吕伯奢一家人很热情地接待了曹操。在安排好曹操的住所后，吕伯奢对曹操说道：“家里没有酒水了，我出去买些回来。”说完，吕伯奢便匆匆离家而去。

曹操坐卧不宁，心中打鼓：“吕伯奢匆忙离去，究竟是买酒呢？还是干别的什么事去了？”于是，曹操计议应该出门打探一番，以防不测。

曹操悄然无声地刚出房门，就听到院子里有人说道：“捆牢了再杀，你觉得怎么样？”

听到这句话，还未听明下言，曹操就坚定了心中的判断：“好啊，吕伯奢一家子果然是想用我这颗人头去换那黄金万两。哼，你不仁在先，就休怪我不义在后。”

于是，曹操愤然拔剑，屠戮了吕伯奢一家。

然而，当看到厨房里捆绑着一头待杀的猪时，曹操顿时傻了眼，这才意识到自己误会了吕伯奢一家人。然而，事已至此，再怎么悔恨也无济于事了。

曹操之所以会错杀吕伯奢一家，造成这种莫大的遗憾，就在于曹操听话不准，只凭只言片语就妄下结论。事实上，在现实生活中，很多人出现误判的原因就在于听话不准。对此，我们应该引以为戒。

那么，我们该如何避免这种误听行为而学会更有成效的倾听呢？

◎听准对方话语的针对性

很多时候，我们很难辨别出他人说话的指向，即搞不清楚对方说的究竟是不是自己。此时，唯有认真倾听、仔细分析，才能避免会错意、行错事。

一天清晨，潘栋急急忙忙地往公司赶，将到公司门口的时候，一不留神摔了一跤。这倒不打紧，要命的是，潘栋这幕狼狈的情形被同事小贝看了个正着。不过，潘栋看到小贝没有流露出任何嘲笑的神色，也就没有放到心上。

午餐的时候，潘栋看到一群人围着一张桌子高声谈笑，便想着凑上前去听听乐子。还没近身，就听到小贝快活的声音："他那时候简直丢死人了，哈哈，他也是活该，谁叫他那么不小心的……"

潘栋一听就炸了，眼中腾地就冒出了无尽的怒火，心想道："这家伙肯定是在拿我的糗事当茶余饭后消遣的谈资。早上的时候还装作一副正人君子的模样，没想到这么快就把我给卖了！"

于是，潘栋疾步走上前去，指着小贝的鼻子吼道："有这么好笑吗？有这么好笑吗？瞧你乐的那个样子，真是令人作呕！这么爱在别人背后嚼舌根，就像个长舌妇一样！你给我小心点，最好别给我抓住什么把柄……"

一旁的同事们很是吃惊，问小贝道："他说的是什么事啊？”然而，小贝一句话也没说，起身就离开了。

这下，潘栋已然明白是自己误会了小贝。潘栋还明白，小贝怕是很难原谅自己了……

在现实生活中，有些人在还没搞清楚别人究竟是在针对谁时，就急忙往自己身上揽，结果却是“自作多情”。由此可见，只有明确对方说话的指向性，才不至于使自己疑神疑鬼，徒惹一些无谓的烦恼。

◎听出对方话语里的有效信息

倾听的一个重要目的是从他人有意或无意的话语中获得对自身有用的信息，这也就要求我们能在倾听时抓住对方话语中的要害。

高明的倾听者懂得从谈话过程中获取有用信息，再从这些有用的信息身上挖掘出更有价值的内容。

赵爽是一个头脑精明的商人，他从事的行当举不胜举，哪里有商机哪里就有他的身影，而且，他很会从别人的话语中捕捉到人们的现实需求，从而进行有针对性的产品销售。

一天，他与一名女性友人闲谈。

见朋友精神萎靡、一脸疲态，赵爽关切地询问道：“怎么了，身体不舒服吗？看你不是很有精神啊。”

朋友有气无力地回答道：“还不是被你们这些肤浅的男人害的！你们男人啊，都喜欢那些腿长、腰细、脸小的女人。

看着我日益臃肿的身材，我是越发没自信了。没有办法，我也只好下定决心投入到与脂肪做斗争的队伍中来了。你想想看，一个人连续一个星期没有吃饱饭，能有精神吗？”

朋友最后慨叹道：“若是不用节食就能减肥，那该有多好啊！”

听到朋友的这番话，赵爽心想：“若我能……那么……”

很快，一个清晰的商业计划便呈现在了赵爽的脑海里。

最终，赵爽凭借销售那些针对爱美女士的所谓懒人减肥器械大赚特赚了一笔。

赵爽能从朋友口中成功挖掘出潜藏的巨大商机，就在于他善于抓住对方话语中的关键点，并进行有效的思维联想与延伸。

人的能力与精力都是有限的，我们不可能做到全知全能，而倾听就是一个有助于我们增长知识、发散思维的良好途径。

1951年，威尔逊开车载着一家老小进行自驾游。一路上，一家人住了很多汽车旅馆，但没有一次住宿体验是让一家人都满意的。这些汽车旅馆都有着这样或那样让人感觉不舒服的地方，要么破烂不堪，要么阴暗潮湿，要么卫生条件差……

连续几天下来，威尔逊的母亲终于忍受不了了，抱怨道：“这哪里是在旅游，分明是在找罪受嘛！”

威尔逊听到母亲的抱怨，突然灵光一闪：“若是能给旅行者提供一些舒适、便利的汽车旅馆，肯定很受欢迎！”

敢想敢干的威尔逊很快就将这一从母亲的抱怨里获得的

启发性想法付诸行动，很快，一座座“假日酒店”便拔地而起，成了人们旅游路上一道靓丽的风景线。威尔逊也因此获得了极大的成功。

威尔逊的成功，就在于他在母亲的抱怨中捕捉到了对自己有用的信息。亦即是说，威尔逊成功的起点在于倾听。

事实上，无论是赵爽的成功还是威尔逊的成功，都明确地向我们传达了这样一个道理：善于倾听且善于从别人话语中提炼有效信息的人，才能在人际沟通中，乃至人生发展上进行创造性发挥。

倾听力测试

测试内容

1. 力求听对方讲话的实质而不是他的字面意义？

2. 以全身的姿势表达你在全神贯注地听对方说话？

3. 在别人讲话时，不随意打断对方的话？

4. 在听别人说话时三心二意？

5. 即使被人批评，也会耐心地听人将话讲完？

6. 即使对别人的话不感兴趣，也会耐心地听人将话讲完？

7. 不因对说话者有偏见而不愿听其说话？

8. 即使对方的身份地位没有你高，你也会认真地听他讲话？

9. 情绪不稳或心情不好时，不会在他人身上发泄自己的情绪？

10. 听不懂对方所说的意思时，利用有反射地听的方法来核实他的意思？

11. 利用套用法证明你正确地理解了对方的思想？

12. 利用无反射听的方法鼓励对方勇敢地表达？

13. 利用归纳法重述对方的思想，以免曲解或漏掉对方所转达的信息？

14. 不是只听你想听的部分，注意对方的全部思想？

15. 以适当的姿势鼓励对方把心里话都说出来？

16. 与说话者保持适度的眼神接触？

17. 既听对方的话语意思，也关注对方的情感表达？

18. 在适当的场合下与人交谈，使对方感到舒适？

19. 能准确判断对方的言语与心理是否一致？

20. 注意对方的非口头语言所表达的意思？

21. 让说话者感受到你的理解与关怀？

22. 不草率下结论，不轻易判断或批评对方的话？

23. 听人说话时，最大限度地排除周围的干扰因素？

24. 不向讲话者提太多问题，以免对方产生防御反应？

25. 对方表达不畅时，你没有表现出急躁情绪，而是积极引导对方将其心中的思想准确地表达出来？

26. 会边听边做笔记？

27. 对方讲话速度慢时，抓住空隙厘清对方表达的主旨思想？

28. 不指手画脚地替讲话者出主意，而是帮助对方确信自己有解决问题的办法？

29. 认真听人家讲话？

30. 有意识地锻炼自己的倾听能力？

测试结果

（一贯：4 分；多数情况下：3 分；偶尔：2 分；从来没有：1 分。）

分数区段	倾听力
105~120 分	优
89~104 分	良
73~88 分	一般
72 分以下	劣

第三章

玩转提问的套路，诱出对方的心声

巧言妙问，架起顺畅沟通的桥梁

某记者在现场报道奥运会期间，曾对采访对象提出了很不恰当的问题。

某运动选手取得了奥运会铜牌，赛后接受了该记者的采访。

该记者一上来就没心没肺地提问道："国家花费了大量的金钱培养你，而你只拿回了一枚铜牌，你觉得你对得起国家吗?"

……

记者拙劣的提问不仅让当事人难堪，而且令自己贻笑大方。显然，这样的提问是失败的，也是让人难以接受的。事实上，提问也是有道的。这个道，指的就是对提问方式、方法的把握。

一天，周先生去市集购买水果。因为他的妻子怀孕了，需要均衡膳食。

周先生走到第一个水果摊前，询问摊主道："这草莓口感怎么样？"

摊主回答道："又大又甜，保证好吃。"

听了摊主的话，周先生摇着头就离开了。

周先生来到第二个水果摊前，询问摊主道："你的草莓吃起来怎么样？"

摊主热情地招呼道："我这里有各种各样的草莓，不知您需要什么样的？"

周先生说道："有酸一点儿的吗？"

摊主笑道："哈哈，您绝对是来对地方了，我的草莓保证酸得您流口水！您需要多少呢？"

周先生回答道："先来一斤吧！"

买了一斤草莓后，周先生接着在市集上溜达。

很快，周先生又在一个水果摊上看到有草莓出售，而且这个水果摊上的草莓鲜艳、饱满，很是抢眼。

周先生忍不住上前询问水果摊老板道："您这里的草莓怎么卖啊？"

水果摊老板笑着向周先生提问道："不知您问的是哪种草莓啊？"

周先生回答道："我希望买一点儿带酸味的草莓。"

水果摊老板不解地问道："人们买草莓通常都会选那些又大又甜的，您为什么偏要买酸的啊？"

周先生一脸幸福地说道："我妻子怀孕了，她现在就喜欢吃一些酸的。”

水果摊老板立即恭维道：“先生，恭喜您了啊！俗话说，酸儿辣女，尊夫人一定能给您生个大胖小子。而且看得出来，您是真的非常宠爱您的太太。先生，我这里就有酸一点儿的草莓，不知您要多少呢？”

周先生被水果摊老板说得眉开眼笑，乐呵呵地说道：“给我来一斤吧！”

水果摊老板边帮周先生挑拣草莓边问周先生道：“事实上，女人在怀孕期间需要补充各种营养。其中，有一种营养最为重要。您知道是什么吗？”

周先生对这种事自不在行，于是虚心向水果摊老板请教道：“这个我还真不知道，还希望您能不吝赐教，我也能更好地照顾我太太。”

水果摊老板回答道：“维生素。基本上，每一个孕妇都需要补充维生素，而且，各种维生素都需要补充。所以，女人怀孕的时候应该多吃一些富含维生素的水果。那您清楚哪种水果所含的维生素种类最多吗？”

周先生老实回答道：“不清楚。”

水果摊老板热心介绍道：“猕猴桃富含多种维生素，特别适合孕妇。您若是多给尊夫人买一些猕猴桃吃，说不准尊夫人就能给您诞下双胞胎呢！”

周先生听水果摊老板说得有趣，很是高兴，笑道：“承您吉言，那就给我再来一斤猕猴桃吧！”

三个水果摊老板的销售效果为什么会不一样呢？答案就在于提问。第一位老板不知提问，所以销售为零；第二个老板只会问“您要多少草莓”，所以只卖出了一斤草莓；第三位老板提问得丰富、巧妙，所以售出了多种水果。

可见，巧妙地提问不仅能让对方说得更多，从而从对方口中获得更多有价值的信息，而且能让对方更乐于与你沟通、交流。那么，我们如何做到巧妙地提问呢？

◎化解提问，巧妙圆场

在人际沟通氛围陷入尴尬时，我们要能善用提问方式，活跃气氛，为冲突双方都搭建一个体面的台阶，实现沟通和乐的目的。事实上，经由提问来圆场正是一种高超、圆融的社交技能。若能善用，必会助益人们取得更为和谐的人际关系。

毕业多年之后，同学们难得聚在了一起。大家畅饮谈笑，回忆起青春的那些事情，很是尽兴。

或许是喝得有些高了，一位男士自以为幽默地对一位女士说道：“当年我拒绝了你的狂热追求，如今你是不是对得不到我还难以释怀啊？”

闻听此言，众人皆饶有兴致地注视着那位女士，一副八卦的神色。

女士尴尬至极，红着脸说道：“也不看看你那副猪头模样，我会是那种眼瞎的人吗？”

男士愕然，几番欲言，但话到嘴边终究没有说出口，神色落寞地自斟自饮起来。霎时间，本来热络的气氛一下子降到了冰点。

就在这时，另一位女士开口笑道：“哎呀，多年不见，我们小公主的这犟脾气可是一点儿都没有改啊！你呀，是越喜欢谁，对谁的脾气也就越差。小公主，我说的没错吧？”

女士似乎也意识到了自己的态度有些太过严肃了，故作羞赧地说道：“就你话多，人家才不是这样呢！”

大伙哄然大笑，纷纷说是。那位被顶得哑口无言的男士也忍不住笑了起来。

就这样，一场风波在那位女士的巧妙一问中自然地转圜了过去。

在人际沟通中，怕是没人希望失了体面。但是，人生在世，各式各样的交际需要应酬，难免就有出糗的时刻，难免就有下不来台的时候。当别人陷入尴尬的境地时，若你能巧妙地提问，化解其尴尬的情绪，那么，别人必会对你非常感激，也定会乐于与你交往。

◎否定提问，刺探反应

否定式提问，就是先做一个否定的推测，以试探对方的反应。若推测不符合对方的实际，无伤大雅；若推测契合对方的实际，那么就能有效激起对方的好奇心。

有这么一位心理咨询师，他的开场白很有特色，也可以说是古怪，因为对首次来咨询的女士，他总会问这样一个奇怪的问题："你不是左撇子吗？"

对于那些习惯于使用右手的女士来说，这样的问题虽突兀，但也无伤大雅。然而，对于那些确实是左撇子的女士来说，尤其是在还未暴露其是左撇子的情况下，可想而知，她们会是何等地震惊。

有一次，心理咨询师接待了这么一位顾客，一位已经强迫自己改变使用左手习惯多年的女士。当心理咨询师问出那个奇怪的问题时，女士吓得惊叫起来："你怎么会知道我小时候的事情？你太可怕了！"

……

在后来的心理咨询过程中，这位女士对心理咨询师异常配合，可谓言听计从。

事实上，心理咨询师所使用的就是否定提问的技巧。可以看到，心理咨询师抛出的"你是不是左撇子"的问题，正好契合了该女士的实际情况，从而在女士心目中树立起了权威的形象，心理咨询师也就能更好地开展今后的工作。

◎假设提问，不容拒绝

假设提问，是说服者将难以被人接受及认可的观点潜藏于问题中而使对方变相认可的一种提问方式。在人际沟通中，尤其是在说服一个人的时候，假设提问往往能取得意想不到的效果。

买卖双方就产品价格问题吵得不可开交，谈判由此而陷入僵局。

买方审时度势之后，决定变换一下谈判话术。于是，就出现了下面这番经典的对话。

买方："尊敬的先生，请问，当制造产品的原材料的价格下跌后，成品的价格是否应该随之有所下跌呢？"

卖方："若原材料的价格真的会跌的话，你说的才能成立。"

买方："尊敬的先生，请问，若产品的包装有所简化的话，成品的价格是否也应该随之有所下跌呢？"

卖方："一般来说，是这样的。"

买方："那么为什么，在原材料价格降低、产品包装简易化的前提下，贵方还如此理直气壮地坚持原来的售价呢？"

此时，卖方才发现被买方套路了，但已无力反驳，只好同意了买方给出的价钱。

可以看到，买方一连串的假设提问获得了卖方一连串的正向回答，当买方抛出终极一问时，卖方在前面肯定回答的前提下已没了任何否定的余地，最终也只能无奈地接受了买方给出的条件。或许，在我们面对类似沟通困境的时候，不妨试用下假设提问的方式，说不定就会收获奇效。

◎诱导提问，助力说服

杨刚走进化妆品店，想着买几支口红送给自己的女朋友。

杨刚指着一款口红问导购道："这支口红多少钱？"

导购回答道："500 元。请问先生，您要哪种色号？"

杨刚抓了抓后脑勺，面有难色地说道："我不是太懂，我出去给她打个电话再说吧。"

"先生，恕我冒昧，您这种想法很是要不得！您买礼物送给您的女朋友，肯定是想给您的爱人制造一个惊喜，所以，这口红还得您亲自挑。"导购关切地说道。

杨刚讪讪说道："那是必须的！"

导购继续问道："您肯定希望您女朋友擦您送的口红给您看吧？"

杨刚点头道："是呀！"

"那么，在某种浪漫的气氛之下，她是否会一点点地还给您呀？"

杨刚虽有点儿难为情，但还是诚实地点了点头。

在导购炉火纯青的诱导功夫招待下，杨刚都已经幻想出了这样的画面：女朋友嘟着娇艳、性感的红唇向他凑了过来。最终，杨刚一下子买了三个色号的同款口红。

可以看到，导购经由诱导提问，一步步将杨刚套入了其意图灌输给杨刚的认知逻辑，从而实现了成功的销售。事实上，在人际沟通中，当我们意图说服他人的时候，诱导提问这一方式比直接说服会更有力度与效率。

▼

满足对方表达的需求，别人才愿意回答问题

在形式各异的沟通场景中，我们首要解决的一个问题就是如何让对方乐于与我们交流。这时候，提问不失为一种打破尴尬场面、有效展开话题的选择。事实上，在人际沟通中，巧妙地提问确实能有效打破对方的心理障碍并使其乐于回答你的问题。

魏征因为学识渊博与敢谏直言而深得朝野赞许，然而，太宗皇帝始终心存疑虑，总想着试探试探魏征。

一次，太宗皇帝突然问魏征："魏卿家，你自认为是忠臣还是良臣？"

魏征慨然道："微臣深受皇恩，唯愿鞠躬尽瘁以报社稷。私以为，做忠臣易，做良臣难。因此，微臣向来是以做良臣自勉。"

太宗皇帝不解地问道："忠臣与良臣有什么分别呢？"

魏征正色道："可谓判若云泥！良臣，能建功立业，为自

己赚取声名，亦为君王带去隆誉，君明臣贤可谓千古佳话；忠臣，往往为留名青史而不惜身，无益于国家社稷，反而给君王扣上残暴的恶名。不知陛下是希望多一些忠臣呢，还是多一些良臣？”

太宗皇帝肃然道：“朕愿得良臣，多多益善。魏卿便是朕的第一良臣！”

从此以后，太宗皇帝再也不质疑魏征了。

虽然，唐太宗对魏征心存疑虑：魏征的敢谏直言究竟动机何在、意图何在。但是，太宗皇帝并未直言相问，而是经由恳切的请教式提问，让魏征剖白了自己的所作所为完全是为了江山社稷的心迹。

所以说，在人际沟通中，要想让对你心存芥蒂或有着强烈生疏感的人愿意开口并敞开其心扉，你就必须懂得对方的心理，掌握一整套的提问技巧。

那么，如何才能让对方乐于回答你的问题呢？

◎表达同情，给予对方更多理解

若你想与对方开始良好的沟通，那么就要慎重抛出那些困难的、带有威胁性的问题，以免对方难以回答而使你们的沟通陷入尴尬的境地。沟通开始的提问是为了更好地制造话题，打开对方的话匣，所以最好提一些让人容易回答且感觉舒服的问题。

那么，如何才算得上让人感觉舒服的问题呢？答案就在于“理解”二字。事实上，在人际沟通中，我们只有秉持理解对方的心态，才能明白对方的心理需求，也才能更好地提出一些能有效触及对方心理的问题。如此，我们便能充分调动对方的表达积极性，让对方由衷地愿意回答我们的问题，并乐于与我们沟通及交往。

丈夫的工作有些特殊，所以常常需要加班到很晚才能回家。一天，丈夫手头的工作相对少了些，难得一次按点下班。

看到早早回来的丈夫，习惯了丈夫晚归的妻子有些意外地问道：“今天怎么这么早就回来了啊？我还没准备好晚餐呢！”

听到这话，丈夫瞬间就火了，沉着脸说道：“你什么意思？回得晚，你埋怨；回得早，你也埋怨！”

妻子没想到自己随口一问竟换来丈夫的诘问，不甘示弱地回复道：“呵呵，平时也没见你这么积极回家啊！偶尔早回来一次，我是不是还得跪地俯首叩谢圣上垂怜啊？怎么，你回家还成对我的恩惠了？那你还是别回来的好，陛下的隆恩，妾身可承受不起！”

……

就这样，两人你一言我一语的，互不相让。

丈夫与妻子若能多站在对方的立场考虑问题，多给予彼此一些理解，或许就能有效地避免矛盾的发生。面对丈夫反常的早归，妻子可以这样说：“呀，今天怎么回来得这么早啊？是不是工作已经忙完了？你饿了吗？等会儿，我马上就做好晚饭了！”面对妻子的惊奇，丈夫可以这样说：“不知怎的，今天心里总挂念着你，所以特地回来好好陪陪你。以前老是晚归，我着实愧疚得很，希望你不要怨我才是。要不，今天我们出去吃顿好的？”

情感的良性互动，就在于理解。沟通的良性互动，亦是如此。你提问时多一点儿同情与理解，别人反馈时也就会多一点儿积极与善意。谨记，基于同情与理解的提问更能触动人心。

◎激发兴趣，引起对方更多关注

只有激发起别人的谈兴，别人才会有兴趣回答你的问题。打开了别人的话匣，也就奠定了良好沟通的基础。

销售经理很是犯愁，因为最近一段时间，公司的销售业绩有些萎靡不振。万般无奈之下，销售经理给每个意向客户都发去了一封产品介绍信函，希望能对产品销量的提升有所帮助。然而，销售经理左等右等，就是等不到客户的一丁点儿反馈。那些信件犹如石沉大海，没了下文。

销售经理很是不解，于是跑去咨询运营主管。

运营主管问销售经理道：“在发给客户的信件中，你有没有提及我们公司的产品能给客户带去什么样的收益？”

销售经理纳闷道：“产品的优势正是客户的利益所在啊，

难道他们不明白？”

运营主管摇头道：“一个产品要让客户接受，不只要看这个产品是不是能满足客户的现实需要，更要看这个产品能给客户带去什么样的额外利益。当然，之所以要强调产品能给客户带去什么样的收益，为的就是引起客户的兴趣，从而激发客户购买的欲望。也就是说，只有更好地激发客户对你的产品的兴趣，你才能更好地实现你的销售目的。”

运营主管又补充道：“除提及利益外，还有一个非常重要的办法能有效激发客户的兴趣，那就是向客户提一些震撼人心的问题。”

事实上，推销自己的观点与意见就如同推销一件产品一样，只有激发起对方的兴趣，才能获得对方积极的反馈。而这也是打造高质量提问的要旨。无法触及对方兴奋点的提问，再多也是枉然。能有效勾起对方兴趣的提问，则能以一当百！

▼

照顾对方感受，让提问更富人情味

在人际沟通中，我们提问的目的是希望从对方的回答中挖掘对方的心理隐秘与真实意图，即了解、认知一个人，从而更好地完善我们的沟通技巧，调整我们的交际策略，以便实现更高效、和谐的人际交往。

由此而论，人际沟通中的雷点便是你的提问让对方难以有表达的欲望，甚至抗拒回答你的问题。古往今来，一个高明的说客总是能提出一个让对方无法拒绝回答的问题。我们不禁要问，我们如何让自己的提问变得高明呢？

或许，关键就在于你的提问是否能很好地顾及对方的感受，引发对方情感上的共鸣。

一位穿着时尚靓丽的女子在一家珠宝店的柜台前驻足良久，事实上，导购员很早就注意到了这位女士。

见女子神色犹豫，导购员适时地迎了上去，以柔和的语气开口问道：“女士，您好，请问有什么需要我为您服务的吗？”

面对导购员的突然打扰，女士似有不悦，冷冷回应道：“随便看看。”

机敏的导购员心知一定要与顾客找到共同话题才能更好地展开推销，那么该说些什么呢？正愁该从何处着手的时候，导购员注意到女子的衣着很有品位，于是开口说道：“您身上的这件衣服好漂亮啊！我很早就想买一件这样的衣服了，但就是一直买不到。请问，您这是从哪里买的呀？”

听到导购员的话，女子似乎很是受用，这才恋恋不舍地移开了停留在一款项链上的痴迷眼神，得意地说道：“我这件衣服是在国外旅游时买的，国内貌似是买不到的。”

“噢，那就难怪了。说真心话，您穿上这件衣服，真可谓相得益彰。您美丽的容颜、高挑的身材，在这件衣服的映衬下，更显得气质出众了呢！我都不好意思抬头看您了。”

“过奖了，过奖了……”女士感觉异常良好地说道。

“对了，不知……嗯，可能您早就意识到了，若是再搭配一条合适的项链，那就更完美了。”聪明的导购员顺势说道。

“是呀，所以我今天特地过来看看，但就怕选不好……”

“没关系，我乐意为您效劳！”

导购员高妙的提问艺术就在于，她经由向客户询问“哪里能买到那样的服装”而寻找到了与客户之间的共同话题，以此建立起了与客户的情感连接。而后，导购员利用情感策略循循善诱，巧妙地将话题转移到了对饰品的选购上。不难看出，导购员的销售必定是成功的。

那么，如何有效地照拂对方的感受并引发对方情感上的共鸣，从而解锁对方对你封闭的“话匣”呢？

◎肯定的基础上提问

在人际沟通中，强势的提问往往会让人极不舒服与自在。若你对这一点有切身的感受或持认可的态度，那么，你或许就能清楚地认知到，基于肯定与认同态度的提问才能让被提问者感到舒服，才能让其更乐于回答你的提问。

一次，一位功成名就的企业家回母校与学生做交流。交流开始之前，企业家鼓励大家做自我介绍。

学生甲如此介绍自己道：“我是学校公益社的社长。这个社团是由我与一位同学首创的。我们这个社团经过一段时间的发展，已经吸纳了为数众多的学生会员，而且还与众多知名企业建立了良好的关系。我们会组织社团成员做一些力所能及的公益活动，譬如为山区儿童筹募教材、文具，去敬老院慰问老人等，而且还会为那些有意愿勤工俭学的学生联系可以提供实习机会的企业。我所做的工作虽然辛苦，但我乐在其中，因为我觉得非常有意义。”

在听这位学生介绍的过程中，企业家频繁点头，脸上充满了慈祥与欣慰的笑意。

在这位年轻人说完之后，企业家刚准备开口，另一位年轻人学生乙就急不可待地开口质问道："请问，你的社团如今有多少成员？你给山区的孩子募集了多少物资？你所说的知名企业究竟是哪些企业？"

听到这些质疑，学会甲显然有些难堪，不悦道："请问你是谁？我好像没有向你报告我们社团内部各项活动细节的义务吧！"

学生乙被人直戳戳地顶了回来，顿时满脸尴尬。

企业家则适时插话道："我也像那位学生一样，希望对你们社团的情况多一些了解。若你不介意的话，不妨与我们分享分享，可好？"

见企业家对自己的社团萌生了兴趣，学生甲遂打起了十二万分的精神，开始侃侃而谈起来……

后来，学生甲进入了企业家的公司，在企业家的培养下，逐步成长为公司里能独当一面的管理人才。

这种生动的案例恍若现实中的场景，或许我们很多人曾扮演过学生乙的角色。也许，我们并无恶意，但我们说出口的话语就是那么让人讨厌。归根结底，这种失败的提问就是缺乏肯定与认同别人的诚意，至少是没能让对方感受到这一点。往往，这种粗鲁的提问在被提问者的观感中就是一种挑衅，招致沟通的失败结局也就不足为怪了。所以说，我们在向他人提问的时候，首先就得学会肯定及认可他人，哪怕他人的观点我们并不认同，至少，我们表现出了应有的尊重与礼貌。

◎就事论事地提问

在人际沟通中，对人不对事的侵略性提问是最大的禁忌。轻则使人不快，重则损害自己的人际交往。所以，在人际沟通中，一定要就事论事地进行提问，并时时以此为戒。

一位父亲发现自己的儿子在抽烟，非常恼怒，但父亲还是强忍着怒火，对儿子说道："吸烟是不好的，不仅浪费金钱，而且有害健康。我不希望再看到你抽烟了，听到了吗？"

正处在叛逆期的儿子反驳道："你以前不是也抽烟吗，有什么资格来说我？"

父亲继续耐心说道："是，我以前是抽烟，但我现在已经戒了。而且，正是因为我抽过烟，知道抽烟的危害，所以我不希望你抽烟！"

儿子不以为然地说道："我距离你戒烟的年纪还早着呢，我都不急，你急什么？"

叛逆儿子对父亲的诘问，就是一种典型的对人不对事的侵略性提问。可以想见，父亲会是何等的伤心。或许，父亲对儿子无可奈何，只能长叹一声。但在现实人际交往中，又有谁会对你如此包容？当你在向他人提问时，如果对人不对事，得到的要么是激烈的回应，要么是对你敬而远之，你的人际关系自会是一塌糊涂。

提问要有逻辑，才能步步深入

提问要有逻辑性，这是一个常识，也是一个难点。在现实生活中，人们总是轻率地将话说出口，缺乏必要的思索与审视，问得乱七八糟，没一个问在点上。若是你的提问缺乏逻辑性，你不仅无法从别人口中获得有效信息，而且会让人鄙视你的浅薄。那么，何为有逻辑的提问呢？

有逻辑的提问，指的就是提的问题之间要有清晰的脉络，前一个问题的答案要与后面提出的问题有紧密的关联。

甲："请问您贵姓？"

乙："叫我王先生就好了。"

甲："请问您的鞋码是？"

乙："运动鞋的话，43码。"

甲："请问您成家了吗？"

乙："噢，我很早就结婚了。"

甲："您喜欢吃沙县小吃吗？"

乙："偶尔会去吃，感觉还不错吧。"

……

这个故事真是可笑，提的问题毫无逻辑可言，被问者或许只会给出一个"神经病"的评价；这个故事也着实可悲，提的一连串问题丝毫激不起被问者表达的欲望，或许被问者老早就想结束这段沟通。

由此也能看出，有逻辑的提问是多么重要。那么，我们该如何赋予我们提出的问题以逻辑性呢？

◎想好要问的内容

我们在提问前，首先要理顺提问的思路，想好提问的步骤，如此才能实现高效的提问，得到有效的信息。

迈克·华莱士，一位堪称美国电视界"教父"的人物，采访过数不胜数的政商名流及文体明星。通常，迈克·华莱士在采访一个人之前，总会对要问的问题列一个提纲，然后进行细致的梳理。这也是为什么迈克·华莱士能在采访过程中始终保持清晰的思路，使得整个采访流程流畅而高效。正是基于采访之前对采访提问的精心设定与审慎推敲，迈克·华莱士才能在有限的采访时间里挖掘出那些名人内心深处难以被人探知的信息。迈克·华莱士精准、犀利、套路多变的采访风格使他赢得了全美电视观众的喜爱。

迈克·华莱士采访的成功，就在于他对提问逻辑性的重视。事实上，思路清晰、逻辑性强的提问才能更好地得到被问者的尊重与重视，实现高效率的沟通。试想，当我们在向他人提问的时候，若是所提的问题颠三倒四、乱七八糟，怕是很难不引起别人的反感！

◎要问得具体

我们常听到这样的训言："具体问题具体分析。"其对于人际沟通的指导意义就是，我们提出的问题越具体，获得的答案就越明确，与人的沟通就会越深入。

有一年，前央视著名主持人敬一丹在石家庄进行签名售书活动。敬一丹超高的人气吸引了大批的观众，也吸引了大量前来采访报道的当地媒体。

签字售书活动进行到最后，敬一丹接受了几家当地媒体的采访。

一位记者有幸获得了一次提问机会，于是一口气连问了两个问题："请问，您如何看待媒体的监督职能及目前媒体对行政部门的监督现状？您是如何协调好工作与家庭的关系的？"

敬一丹沉思片刻，然后坦诚地说道："这位记者同志，真的很抱歉，您提的问题太宽泛、太大了，我真的不知道该如何回答您。"

就这样，这名记者浪费了一次宝贵的提问机会。看到这名年轻记者失落的神色，旁边的一位前辈好意指点道：“小伙子，时间紧迫，你该提一些具体的问题才是呀！”

记者所提的问题，就像敬一丹所说的那样，太过宽泛。在那样的场合下，在有限的时间里，敬一丹所能做的怕是唯有拒绝回答。从中，我们应该汲取那位记者的教训，也要时刻警醒自己这样的道理：问别人的问题要具体。

◎要问到心坎上

有些人说话像连珠炮，滔滔不绝，让人生厌；有些人惜字如金，却字字戳心。正可谓，一语胜千言。在我们向他人提问的时候，要想达到言精意简而触动人心的效果，就要求我们将问题问到心坎上。

丈夫身体不好，三天两头就头疼脑胀。说来也奇怪，挺魁梧的一个汉子，却像林妹妹一样是个多病之身，要靠着药罐子过活。

人生病了，难免会有些小性子，丈夫自然也不例外。一天，也不知道是什么惹到了丈夫，丈夫就是不肯吃药。妻子苦劝良久，憋了一肚子的委屈。

妻子气苦，恨恨地说道：“不喝就不喝吧，不过，你就甘心看到我这花容月貌便宜了别的男人？若是你不在意，那你就不喝，而且我再也不会逼你了！”

丈夫闻言，二话不说，端起药碗喝得一滴不剩。

妻子的问题直切丈夫的死穴，逼得丈夫也只好乖乖喝药。由此可见，直指要害的提问是有多么重要。事实上，也只有将问题问到点子上、核心处，才能直戳人心，让人无从抗拒。那么，我们如何有效地问到心坎上，保证沟通的效率呢？那就要求我们在提问前理清思路、想好问题，避免谈论那些没有任何实际效果的话题。

提问力测试

测试内容

1. 我能根据不同对象的特点提出合适的问题。

2. 当我询问他人时，会更注重帮助他们反思自身存在的问题。

3. 当我提出不同意见，甚至是直接对当事人提问时，能坚持诚实的态度。

4. 当我与他人讨论问题时，始终能就事论事，而非针对他人。

5. 当我提问时，能以客观的标准和预先期望为基础。

6. 当我提出问题后，问题常能得到合理的解决。

7. 在我与他人沟通某件事情时，我会合理地提出不同的问题。

8. 即使我对他人的回答并不赞同，我也能对他人观点表现出诚挚的兴趣。

9. 提问的时候，我不会对比我权力小或拥有信息少的人表现出高人一等的姿态。

10. 在和与自己有不同观点的人讨论时，我会找出双方的不同点，进行提问。

11. 我的提问是明确而直接指向问题关键的，避免泛泛而谈或含糊不清。

12. 我能以平等的方式与对方沟通，避免在交谈中让对方感到被动。

13. 我经常对某个观点、某种行为进行提问。

14. 提出问题时，我通常更关注对方对问题的理解。

15. 讨论问题时，我常有意识地列出各种问题，并挑选重要的问题进行提问。

16. 我的提问，主要是为了展现自己的专业。

17. 我提问时，有时是为了让客户多表达一些他的观点。

测试结果

非常不同意/不符合	1分	不同意/不符合	2分
比较不同意/不符合	3分	比较同意/符合	4分
同意/符合	5分	非常同意/非常符合	6分

分数区段	提问力
90分以上	你具有优秀的提问技能。
80~90分	你略高于平均水平，有些地方尚需要提高。
70~80分	你属于平均水平，需要努力。
70分以下	你需要严格地训练你的提问技能。

第四章

善于赞美的你，办事必将了不起

▼

得体的赞美，才能俘获人心

1975 年的母亲节，哈佛二年级学生比尔·盖茨给他亲爱的母亲寄去了一张贺卡。贺卡上写着如此一段情真意切的话语："亲爱的妈妈，您总是给予您的孩子以宝贵的赞美，让您的儿子从来都自信无比！我将永远怀念那段与您共度的时光。"

可以明显地感受到，即使是身家亿万的富翁，赞美也是他们生命中最珍贵的礼物。确实，赞美就是有着这样让人神往的魔力。

正如卡耐基所言："喜欢被人认可，感觉自己很重要，是人不同于其他低等动物的主要特性。"也就是说，是人，就有获得他人赞美的心理需求。

谢太太雇了一名家政人员，以便自己能从繁重的家务中解脱出来。

当然，为了摸清这名家政人员的业务能力，谢太太特意从家政公司要来了其以前雇主的电话号码。然而，令谢太太错愕的是，绝大多数的前雇主对这名家政人员的评价不是很高。按情理来说，谢太太有权拒用。但谢太太已经被那些烦人的家务折磨够了，她盼望着早日从苦海中解脱出来。而且，即便自己所聘的家政人员风评不佳，聪慧的谢太太也有应付的办法。

在家政人员上门工作的第一天，谢太太就对其说道："你好，以后还得多多辛苦你了！我从名片上看到你的年纪比我小，我就称呼你为小喻，应该不介意吧！小喻，很荣幸能请到你来为我服务。你以前服务的那些雇主对你的评价可是非常高的，说你为人实诚，还有一身了不得的烹饪手艺，这都非常契合我的心意。当然，也有人说你就是做卫生差了点儿。本来，我还是有些疑虑的，但看你今天穿着整齐，我就知道你是一个爱干净的姑娘。一个爱干净的人又怎么会做不好卫生呢，你说是吧？而且，我相信我们今后一定能相处得非常好！"

听了谢太太的话，小喻甚感羞愧，同时也在心里暗暗发誓："我一定要好好在这里干，绝不辜负谢太太的信任与期待。"

在后来的工作中，小喻兢兢业业，恨不得拿出百分之两百的劲头服务好谢太太一家。当然，谢太太对小喻的工作那是相当满意。

可以看到，谢太太赞美的话语触动了小喻的自尊心，同时也满足了小喻渴望获得肯定的心理，由此而激发了小喻的工作热情。

在人与人的交往中，赞美不仅能赋予别人自信的能量，而且能有效地拉近两心之间的距离。所以说，我们每个人都要学着去赞美他人，经由掌握赞美的魔法，更好地助益我们的人际沟通，从而建立起更为广阔、和谐的人际关系。

◎赢得他人的好感

赞美是连接人心的桥梁，真诚地赞美他人，就能快速、高效地博得他人的好感，或许还有更多意想不到的收获亦未可知。

1960年，戴高乐出访美国，时任美国总统尼克松设宴招待。

为示隆重，尼克松夫人在宴会厅里精心布置了一个鲜花展台，而且，呈现出来的效果确实非常好。敏锐的戴高乐当然注意到了这个细节，于是在宴会上致辞时说道：“真是非常感谢尼克松夫人的费心安排！看得出来，将宴会厅布置得如此精致必定花费了您不少心思。而且，我对那个鲜花展台尤为喜欢，它真的太漂亮了！”

尼克松夫人高兴极了，因为在此之前，还从没有一个到访的大人物能在这些微不足道的细节上看出她倾注于上的心思，并给予如此高的评价。

所以，日后每当有人问起尼克松夫人对戴高乐的评价时，夫人总是极尽赞美之词。

戴高乐因为一句简单的赞美，竟在尼克松夫人心里留下了如此良好而深刻的印象。由此可见，良言一语，就足以赚取他人心。事实上，赞美也是人际拓展中成本最低、回报最高的投资方式。善用赞美的沟通话术，可以极大地促进我们的人际圈高效、良性地运转起来。

◎化解他人的敌意

关二爷向来忠正，最不喜阿谀奉承、溜须拍马之辈。

一天，关二爷得知一人竟凭着一张巧嘴不劳而获巨利时，大怒，提了青龙偃月刀便去寻那人的晦气。

见关二爷面带煞气，那人侍立在旁，也不敢多言，战战兢兢地等待着关二爷发话。

关二爷愠色道："我今天也来听听你这张利嘴是如何奉承人的！哼，要是说得不合我意，我认得你，我的刀可不认得你！"

那人这才知晓关二爷的来意，赔着笑脸说道："小民是阿谀小人，奉承的也都是些小人！二爷忠正勇武、天下无双，小人这些粗俗、卑陋之语，又岂敢污秽二爷的耳朵。"

关二爷威然呵道："量你也不敢！今天，我就宰了你这个油嘴滑舌的小人，也算为民除害了！"

关二爷刚说完，就见那人麻溜地跪在了地上，然后听他开口道："小民谢恩！"

关二爷疑惑了：自己明明是要取他的性命，他怎么不但不求饶，反而谢起恩来了？于是，关二爷松了几分握刀的力量，问那个人道："你为何谢恩？"

那人回答道："二爷过五关斩六将，青龙偃月刀下从没无名之辈。今天，怕是小人祖坟冒青烟了，能死在您的宝刀之下，我做鬼也是英雄啊！只希望二爷不要嫌弃小人的贱血污了您这口闻名天下、令无数英雄胆寒的宝刀！小人当然要谢二爷的成全之恩！"

关二爷听了这话，沉默片刻之后，"哼"了一声就走了。

那人两股战战，艰难地立起身来，擦了擦额头的冷汗，叹道："幸好他也爱听奉承话！"

可以看到，那人通过巧言赞美成功消除了关羽的杀心。那么说赞美可以消除对方的敌意，怕是没人会怀疑了吧！所以，在人际沟通中，学会适时、适当地赞美他人是有多么重要。

▼

赞美有创意，别人才真心爱听

巴尔扎克曾如此生动地说道：“第一个赞美女人如花的人，是个聪明人；第二个如此赞美女人的人，也就一般般；第三个再说这种毫无新意的混账话的人，绝对就是个蠢货。”

这段话传递给我们的意思就是，赞美也是需要创意的。事实亦如此，毫无新意的赞美激荡不起人心一丁点儿的涟漪，只会被人厌弃。

小茉在一家科技公司担任研发部门的经理。一次，她从学术期刊上获悉，国内一位科学家在某领域的研究有了重大进展，并取得了不错的成果。正巧，那位科学家的研究领域正是小茉公司力图开拓的发展方向。为此，小茉便想着利用自己积攒多年的人脉与那位科学家取得联系。

在各方运作之下，科学家终于接受了小茉的见面请求。

事实上，小茉此行的目的是得到这位科学家的授权，拿到其最新的科研成果，而后转化成公司的拳头产品。为此，小茉为这次艰难得来的会面制订了详尽而周密的计划。计划的第一步就是要博得科学家的好感，而这也是关系到整个说服计划成败的关键。

与科学家见面后，小茉带着甜甜的笑容说道："您好，我了解了您整个的人生轨迹与奋斗历程，您真是一位了不起的科学家！"

科学家神色如故，没有半分的波澜，只是淡淡地说道："真是奇怪，我早就说了，希望人们不要这么看我，但为什么每个与我打交道的人还是这么说？"

"不，不，您这是太谦虚了！像您这样，取得了这么大成就还依旧这么谦虚的人，太难得了！"小茉生怕科学家不高兴，又急忙补充道。

"小姐，若你来只是为了说这些奉承的话，那你可以离开了。因为你说得并不高明，能将这种你所认为赞美的话说得漂亮百倍、千倍、万倍的人可是大有人在。而且，这种话对我没有半点儿意义。也就是说，你不断地说这种毫无营养与价值的话，不仅是在浪费我的时间，而且是在极大地侮辱我的人格与智慧。请恕我无礼，我真的没有时间与心情和你在此做这番无谓的交谈，抱歉！"

小茉再也不知道说什么了，只能讪讪地离开了。或许，她怎么都想不到，自己好心好意的一番赞美，却成了这次沟通草草收场的催命符。

我们细细研究就会发现，导致小茉与科学家沟通失败的原因，就在于小茉的赞美毫无创意可言，在科学家听来如同废话一般。

在人际沟通中，同质化的赞美真的具有这么大的杀伤力吗？或者说，具有创意的赞美真的具有这么大的魔力吗？要回答这个问题，想必一位对此有切身感受的销售员所说的话语更加具有说服力。他是这么说的："我曾经接触过这么一位客户。他很是奇怪，无论我怎么吹捧他所取得的成就，他都不为所动，甚至有些不屑。然而，我无心地夸赞了一下他那与众不同的头发，他却高兴极了。在他讲述他的头发的时候，我能清楚地看到他的眼睛里闪烁着有如星星一般的光芒。这个经历给了我很大的触动，由此我认识到，同样的赞美之词已经有无数人在客户面前说起过，若我还不知好歹地妄图用这种毫无创意的赞美话敷衍客户，必然无法打动客户的心，也就无法说服客户心甘情愿地与我们合作。"

推及更为广泛的人际沟通层面，要想经由赞美来打动那些我们与之打交道的人，就必须摒弃那些陈旧的赞美套路，从其未曾被人发掘而又渴望被肯定的地方着手，如此才能触到人们内心深处的兴奋点。也就是说，给予人更好的赞美，必须要有创意。

◎别致的赞美方式

要想使得我们的赞美有创意，不妨在表达方式上推陈出新、另辟蹊径。

富兰克林在参加州议会选举的时候，遇到了一个刻薄的反对者。这个反对者是一个新议员，总是在演讲时极尽刻薄之能事地诋毁富兰克林。

遇到他人肆无忌惮、一而再再而三地挑衅与污蔑自己的情形时，想必任何人都会恼羞成怒，针锋相对的反击怕也是更多人的选择。那么，富兰克林会如何做呢？

在一次公开演讲上，富兰克林如此说道：

“被别人无端诋毁，我当然是不高兴的。但是我了解到，那位议员先生是一位有学问、有才能、有声誉的绅士，想必他不会无缘无故地批评他人。而且，对于这种具有高尚品格的人，阿谀奉承以博取他的同情与好感并不是一个高明的办法。为此，我采用了另外一个办法。

“我听说那位议员先生酷爱藏书，而且很多书还是孤本。于是，我就给议员先生写了一封言辞恳切的亲笔信，请求他能将其中一本我找了很久都没有找到的书借给我阅读一段时间。议员先生不仅慷慨地将书借给了我，而且之后再也没有公开批评我了。”

事实上，富兰克林借书的行为就是对议员先生学识渊博的一种变相赞美，获得了“润物细无声”的效果。当然，赞美的方式多种多样，我们要有所针对地选择最合适的表达方式，以便更好地实现良好沟通的目的。

◎新颖的赞美语言

并不是所有的赞美都能给予人内心的欢愉与美的享受，只有那些新颖的赞美话语才能成为流淌进别人心头的蜜意。

有这么一位美丽的姑娘，对于那些赞美她美丽容颜的直白话语，她早就已经无感了。

有一次，一位与之邂逅的绅士对她说：“美丽的女士，就凭您身上这种超凡脱俗的优雅气质，就应该去好莱坞拍电影，必将获得一片菲林，也必将在影史上留下一道美逾千古的靓丽身姿。”

听到这番话，姑娘虽然有些不好意思，但甜甜地笑了，很是灿烂。

可以看到，绅士正是凭借新颖的赞美话语博得了美人一笑。

试想一下，若是你夸奖一个女人漂亮，你会想到什么样的言辞？沉鱼落雁？闭月羞花？这样的言辞，古往今来的人们已经说了上千年，早就说烂了；这样的言辞，人家美丽的姑娘已经听了不下万遍，早就听腻了。巴尔扎克说第三个赞美女人如花的人是蠢货，那你这第一万个老套赞美女人的人又该是什么呢？事实上，又何止是心思善变的女人，怕是任何一个人都不喜欢听那些陈词滥调。而且事实也证明，唯有出其不意的新颖赞美语言才能一下俘获他人的心。

◎独特的赞美角度

若一个人身上众所周知的优点与长处被人赞美的次数太多了，那他必然就难以从中获得丝毫的成就感与乐趣。所以说，高明的赞美就是要站在与众不同的角度上，对人们身上被外人忽视的优点予以称赞。事实上，人们也有这种被人发掘隐晦闪光点的心理需求。

在人际沟通中，想打动一个人，就不妨去赞美其身上那些被一般人选择性忽视的优点，给予对方心理上新奇的感觉与意外的惊喜。

有一天，著名影星茱莉·安德鲁丝去聆听素有“暴君”之称的音乐指挥家托斯卡尼尼的音乐会。音乐会结束后，茱莉·安德鲁丝随同那些政商名流前往后台向托斯卡尼尼恭贺音乐会的成功。

人们纷纷称赞道：“您真是当今最伟大的指挥家！”“这真是一场无与伦比的视听盛宴！”……面对纷至沓来的赞美之词，托斯卡尼尼神色僵硬，似乎有些懒得搭理。

“您在舞台上的样子好帅！”一个温柔而具有磁性的声音传来，托斯卡尼尼的眼神陡然亮了起来。

托斯卡尼尼抬头一看，发现说话的人是茱莉·安德鲁丝，他神情飞扬地感谢了茱莉·安德鲁丝的赞美。

事后，托斯卡尼尼总是不无得意地向人们炫耀道："她说我很帅呢！她可是茱莉·安德鲁丝呀！"

可以看到，正是茱莉·安德鲁丝独特角度的赞美，才获得了托斯卡尼尼热情的回应。当然，这种另辟蹊径的赞美需要赞美者有一颗灵巧敏感的心与一双善于发现别人优点的利眼，如此才能将赞美的话说到别人的心坎上，达到至善的效果。

▼

把握赞美的尺度，让人受用无穷

确实，没有人不喜欢听赞美的话，但也并不是所有的赞美都能赢得他人的心。说赞美的话并不难，难的是如何把话说得巧妙、得体、让人喜欢。

有人总认为赞美就是阿谀奉承，所以极尽谄媚之能事。于是乎，在生活中，我们常能看到这样的情形：有人事无巨细地说着些漂亮话，领导放个屁都说真香；有人无论对象是谁随口说着些恭维话，对着一个七八十岁的老者非要说人家宛若 18 岁的少年……这样的赞美，是不是想想都觉得尴尬！说的人没心没肺，听的人也浑身不自在。

赞美作为沟通艺术的一种，当然也是有学问的。其中最重要的一点就是，赞美必须把握好尺度，要恰如其分、适可而止。就好比煲汤，火候掌握不好，再好的材料也煲不出味道鲜美的好汤。

在一个音乐家的聚会上，有一个人歌唱得十分好听。

于是，这个人的朋友恭维他道：“你唱的歌真是全世界最动听的，没有一个人……”

这个人顿时尴尬极了，他望了望台下坐着的其他音乐家，感觉似乎有无数双锐利的眼睛盯着他，一时间不知道该如何回应他那位冒失的朋友。

这时候，一位聪慧的女士及时站了出来，笑呵呵地打圆场道：“你的歌唱得真不错，我感觉非常享受。”

这个人急忙接住话头，谦虚地说道：“哪里，哪里，唱得不好，请您包涵。台下坐着那么多大家，任何一个人都比我唱得好！”

就这样，这个人有惊无险地度过了由自己朋友赞美不当而引发的尴尬时刻。

可以看到，正是那位友人过分拔高与肆无忌惮的赞美，让被赞美者陷入了窘迫的境地。不难想象，被赞美者对友人的观感与认知会变成什么样。

我们不能否认，在人际沟通的一般场景之下，赞美能有效取悦他人的内心。但是，把握不好尺度的赞美只会让这份宝贵的善意变味，使双方都陷入难堪的境地。所以说，赞美时把握好尺寸是非常重要的。

◎赞美要恰如其分

若我们能给予人恰如其分的赞美，就如同给予人一块咀嚼起来倍感甜蜜的糖，让人无比快意。恰如其分的赞美，不仅是一种绝佳的感化方法，而且是建立起良好、牢固人际关系的关键。

葛辉是一家外资公司的部门经理，常需要与外国人打交道。而且，凭借高明的赞美话术，葛辉非常受那些老外上司的器重。

一天，他在一家咖啡店喝咖啡的时候，不禁想到了从前的一件尴尬事。

那天，也是在咖啡店里，刚进公司没多久的葛辉碰到了自己的外国女上司。机灵的葛辉知道女人都喜欢别人称赞自己美丽大方、气质独特。于是，他没多想就称赞外国女上司道："我听说喝咖啡能塑体形，难怪您的身材会保持得如此好！"

没想到，女上司闻言即怒，神色不善地说道："你是不是因为太久没女朋友了，随便见到个女人就睁眼说瞎话？"

女上司的反应为什么会是这样呢？原来，女上司可是公司出了名的"胖小姐"。

事实上，赞美的话说得恰如其分，往往能更有效、更直接地戳到人的兴奋点，就如同给生长在干涸之地的小树苗及时地洒上了一抔清泉。在人际沟通中，这种恰如其分的赞美也更具有打动及说服他人的力量。所以，若你懂得恰如其分地给予他人赞美，你就会成为一个更具魅力与吸引力的人。

◎赞美要点到为止

就好比一只气球，吹得小了会显得萎靡，吹得过了就有可能胀破。事实上，赞美他人亦同此理，需要秉持适度的原则。

当然，现实生活中的赞美往往是夸张居多。所以说，赞美的适度原则强调的更多的是要点到为止。稍微夸张一点儿的赞美或许更能传递出自己的敬意，别人也会更乐意接受。但凡事都忌过火，如赞美超脱了实际，无限度地拔高，只会让人感觉你缺乏真诚。

据说，有一个年轻人曾给恩格斯写了一封信，信中对恩格斯给予了高度的赞美。

在这封信里，年轻人将恩格斯称作一位伟大的革命家与思想家，甚至隐含着恩格斯超过马克思的意味。

恩格斯见到这份热情讴歌自己的信件，不喜反怒，狠狠地表示："我不是什么革命家与思想家，我就是恩格斯而已。"

原来，恩格斯一直都很尊重马克思，将之视为自己的知己与偶像。这个年轻人夸张地将他拔高到凌驾于马克思的位置上，自然会惹得恩格斯不快了。

所以说，夸张的赞美有时并不能让人欢愉，而只有得体的、适度的赞美才能让人感到舒服。也就是说，赞美最好是点到为止，以免过犹不及。

▼

情感体验式的赞美，无人能拒

就心理学角度而言，赞美能平复人的情绪，可使人感到被关怀的温暖。而被关怀的温暖正是人们的普遍心理需求。基于此，我们也就需要更好地掌握赞美这种沟通技巧，从而获得良好的沟通效果，建立起和谐的人际关系。

然而，在真实的人际沟通中，很多人并不习惯于赞美别人，或者说赞美技巧甚为拙劣。事实上，赞美完全可以抛却那些花哨的技巧。更多时候，你只需要秉持一颗诚善之心，就能非常自然地说出赞美之词，天然无雕饰地润化人们的心。

客户潘先生与苏总约好今天早上八点钟在苏总的办公室会面，为此，苏总今天很早就到了办公室。

此时正值上班高峰期，而且，潘先生此次是第一次来这座城市出差，苏总有些担心潘先生能否准时到达。然而，快要到 8 点钟的时候，潘先生敲响了苏总办公室的门。

苏总热情迎了上来，寒暄道："哎呀，潘先生，难得啊！

今天的交通如此拥堵，你竟然还能按约抵达，看来，我们合作的可信度又提高了啊！哈哈。”

潘先生笑着回应道：“可是您比我来得还早，要说诚意，我可自愧不如啊！我对我们的合作也是信心倍增。”

两人相视大笑，在愉悦、融洽的氛围中开始了正式的交谈。

可以看到，上述良好沟通效果的达成，就在于苏总有着真实的情感体验，即苏总明白潘先生堵车的处境，也能理解那种担心迟到的心情。毫无疑问，正是苏总这种设身处地的理解与关怀让潘先生感受到了苏总的诚心与善意，合作的顺利达成自然也在情理之中了。

真心实意的赞美，能有效传递出自己的诚意，让被赞美者不会有虚假、牵强之感。在人际沟通中，情感体验式的赞美或许是最能打动人心的赞美方式。

◎赞美要具体化

相信每个人都有过这样的经历，当有人夸赞你“真棒”“真漂亮”的时候，你除了会心动，还会心痒，还想从别人嘴里得到这样的信息：“我究竟棒在哪里？我究竟哪里漂亮？”

同理，当你在赞美别人的时候，若说不出一番所以然来，别人就难以相信你的诚意，而很容易将你的赞美归于一般的阿谀。

所以说，要想让我们的赞美更好地打动人心，获得理想中的效果，就要学会具体化地赞美别人。将对方值得称道的优点娓娓道来，对方又怎能不为你折服与倾心？

一位集团老总携自己的夫人出席一个非常重要的宴会，因为与会者中有很多重要的外宾，所以集团老总身边还有一个从公司临时抓来的翻译随行。

一位外宾上来与老总寒暄，便称赞集团老总的夫人道：“您夫人真是太美了！”

翻译顺畅地翻译给了老总听。

集团老总微笑着客气回应道：“哪里，哪里。”

然而，这个从未出席过如此重大场合的翻译竟将老总的话翻译成了“Where，Where”。

外宾闻言，先是一惊，接着转念一想：“哪有人这样的，称赞你夫人漂亮不过是出于礼节，你还非得要问具体漂亮在哪里？”

于是，外宾只好回答道：“您夫人的眼睛漂亮，身材好，而且气质非常出众。”

翻译再度顺畅地翻译给了老总听。

听外宾这么一说，老总也是有些吃惊。不过，在听了翻译对刚才情形的一番解释后，老总与外宾都爽朗地笑了起来。

这个笑话给我们的启发是：当你赞美别人时，一定要明确赞美的点，然后给出具体的赞美理由。在实际生活中，这种具体化的赞美被证实确实是更有效的。

◎赞美要有针对性

赞美对方一定要针对其“特别处”与“闪光点”，即将赞美的话说到别人的心坎上。你若是能将赞美的话说到对方的心坎上，还怕打动不了他？

思榆出落得亭亭玉立，是一个标准的大美人。自进入大学第一天起，就被男同学们公认为“系花”。当然，围绕在思榆周围的登徒子也不在少数。

那些男生称赞最多的就是思榆的美貌，有说秋水明眸让人心动的，有说柳叶细眉惹人遐思的，有说樱桃小嘴动人心肠的……对于这样的赞美，思榆着实听腻了。

事实上，思榆不仅人长得美，而且还是班里的学霸。在思榆内心深处，她不知有多想摆脱那种给予别人的花瓶印象，渴望有人能透过她美丽的皮囊看到她在学业上的努力与成就。但是无奈，青春期的男孩子就是这么肤浅。也或许是因为女孩子天生就有着领先于男生的成熟。

后来，思榆恋爱了。而她之所以答应了男朋友的追求，就在于他当时说的话打动了她的芳心。他是这么说的：“事实上，你的才华一点儿也不亚于你的美丽。或许，用智慧女神形容你更为贴切。而且，我坚信你今后一定能凭借自己的才华闯出属于自己的一片天空，在自己的人生里绽放光华！我是多么希望做一个见证者、一个守护人，陪你一起书写传奇。”

后来，思榆对母亲说：“只有他懂得赞美我的才华，而这也是一直以来我渴望被认可的。有的女孩喜欢玫瑰，而我却喜欢他对我的欣赏。因为他的这份欣赏，所以我义无反顾地爱上了他！”

思榆的男友正是通过这种深谙其心的针对性的赞美赢得了思榆的心。所以说，赞美就要发自内心，就要说到点子上、心坎上，如此才能得到美的回馈。

赞美力测试

测试内容

1. 迎面走来一个穿着有品位但相貌一般的女子，你会（　）。

A. 着意看她的着装，心想真是一个会打扮的女人

B. 着意看她的脸，心想真是“佛靠金装，人靠衣装”

C. 很欣赏地看她的整体，觉得这是一个很有气质的女人

2. 你头发凌乱地去上班，一位女同事却夸你的发型很棒，你会（　）。

A. 很开心，对于自己的头发立刻自信起来

B. 心里骂她是个睁眼说瞎话的马屁精

C. 拿出镜子照一下自己，以判断她说的是否是真话

3. 你认为赞美是（　）。

A. 对方有优点，值得赞美

B. 很多时候是不得已而为之

C. 一种礼仪

4. 开会时，同事夸领导穿得很有型，你的第一反应是（　）。

A. 看领导笑得像朵花，真后悔自己没有先说出这句话

B. 随他怎么去拍马屁，我只管干好自己的活儿就行了

C. 认真观察领导的着装，以确定自己是不是要随声附和

5. 你最喜欢的卧室窗帘是（　）。

A. 带有明艳花朵的纯棉布，而且还要配上一层透明窗纱

B. 深色、厚重的绒布

C. 素白或素灰的纯棉布

测试结果

选择	赞美力
3个及3个以上A者	你在赞美他人方面没有心理障碍，却往往方法欠佳，很容易有口无心得罪人，更容易被别人误以为是一个随便说话的马屁精。
3个及3个以上B者	你对马屁精深恶痛绝，因此总担心自己的赞美会让他人误解为拍马屁，这种心理让你很少赞美别人，同时也较少收获赞美。
3个及3个以上C者	你对赞美要求较高。在你看来，很多事情不值一提，倘若对其施以赞美，形同于阿谀奉承。这种习惯让你显得孤傲、不合群。

第五章

恶语曲言，批评的话也能成为暖语

讲究分寸，得体的批评更暖心

每个人都会犯错误，这是毫无疑问的。在人际沟通中，当我们认识到了别人的错误而不得不向其提出批评的时候，请谨记，一定要把握好批评的尺度。

那么，如何权衡批评的尺度呢？一个原则性的标准就是，既要能指出并让人认识到错误，又要能顾全别人的面子，照顾到别人的情绪。若你在批评别人的时候能很好地实行这一点，那么，你就能让人心悦诚服地接受你的意见，而不用担心引发别人的反弹情绪。

了解松下幸之助的人都知道，他是一个眼里容不得沙子的人，面对员工的过错，总是直接予以批评。但是，受到批评的人并不会心生怨恨，反而非常乐于接受松下幸之助的意见。这是因为，松下幸之助深谙批评的艺术，向来都是以理服人。

有一次，一个员工犯了错，松下幸之助将该员工叫到自己面前，说道："我必须对你提出批评，若你认为我的批评毫无意义或你接受不了，我将和你不会说什么；若你认为我的批评对你的进步而言是有价值的，那我将和你好好说一说。你觉得如何?"

"我接受您的批评。"员工恳切地说道。

"是真心愿意接受我的批评吗?"松下幸之助问。

"是的。"员工坚定地说道。

"愿意接受批评的人是幸运的，"松下幸之助微笑着表示肯定，然后继续说道，"愿意接受批评的人，就能从别人嘴里知晓自己的错误，进而更好地改正错误。事实上，不断改正错误的过程就是不断成长与成熟的过程。你愿意接受批评，我由衷地替你感到开心，因为这将是你又一次进步的开端。若我犯错了，怕是没人敢于或愿意批评我。这也就意味着我丧失了进步的机会。无人批评，这并不是幸运，而是悲哀!"

"您说得很对。"员工沉思片刻后重重地点头道。

"你明白就好，我将非常乐于向你提出批评。"松下幸之助很欣慰地说道。

"我将非常乐于接受您的批评。"员工说完后深深地鞠了一躬。

俗话说，人活一张脸，树活一张皮。若你不限尺度地肆意抨击他人，就会极大地挫伤他人的自尊心。试想一下，一个被你伤了面子的人又如何会心甘情愿地与你合作？批评的目的是指出他人的错误让其改进，以便更好地解决现实问题，而不是为了让你逞口舌之快以宣泄自己的情绪。也就是说，毫无分寸感的批评，非但无法实现批评的目的，反而会伤害你与他人的人际关系。所以说，站在人际沟通的立场而言，批评一定要讲究分寸，把握好尺度。

那么，把握批评的尺度需要注意哪些方面呢？

◎因人而异

不同的人犯了同样的错误，批评时要依据客观现实的不同来区别对待。也就是说，批评要因人而异。

小姜是公司的老员工，小齐则刚进公司不久。有一次，小齐协助小姜完成一个很重要的项目。不料，项目最后出现了严重的问题。

按理来说，两人都有责任，但是，经理严厉批评了小姜，对小齐则只是不轻不重地提点了几句。经理的区别对待让小姜感到很是憋屈，于是，越想越不服的小姜再度找到经理申辩。

面对小姜的质疑，经理语重心长地说道：“你是公司的老人了，公司对你的期望与要求自然要高于新员工。而且，人家新员工未曾碰到过这种问题，难道还不能给人一次汲取经验教训、改正错误的机会？对老员工来说，这种问题也算常规性的了吧？你碰到这种常规性的问题还处理不好，我怎么能不批评你？”

小姜听了羞愧不已，并连连向经理表示今后肯定不会再犯同样的错误。

一个出色的批评者，首要的能力就是要能鉴别被批评者的类型，然后有针对性地采取相应的批评方式，如此才能让不同的人都愿意接受批评，哪怕他们犯的是同样的错误。就如同上述事例中经理有区别地批评小姜与小齐那样，针对他们工作经验与工作能力的差异而选择或轻或重的批评语言。重了，理所应当；轻了，恰如其分。谁都能接受，谁都会心悦诚服。

◎选对时机

批评的时机需要非常慎重地选择。时机选对了，可能过分的批评也能被人接受；时机选错了，哪怕轻微的批评也会招致他人深重的反弹情绪。若是因为选错了时机而无法让你的批评发挥应有的效果，那你的批评就毫无意义！

一家餐厅的后厨总是传出不和谐的声音，严重拖累了餐厅的工作效率。

餐厅经理经过询问，了解到根源出在洗碗工徐大娘身上。

于是某天早晨，餐厅经理便去往后厨，想把徐大娘叫出来好好聊聊。不料，当他走到后厨门口的时候，却听到里面传来不和谐的声音。

原来，由于徐大娘昨晚的消极怠工，本该洗好的碗碟还堆在水池里，使得大家今早都没法开工。于是乎，大伙的不满集体爆发了，正你一句我一句地指责徐大娘。

只听到徐大娘满腹委屈地说道："你们都别站着说话不腰疼，这么多碗碟，我一个人哪里忙得过来！"

这时，经理故意干咳了一声，踱步走了进来。

经理先是看了看堆在水池里有待清洗的碗碟，然后对众人说道："既然大伙现在没法开工，那就出去做做卫生吧，后厨交给我与徐大娘就可以了！"说完，经理便捋起了袖子朝水池走去。

众人见状，就前前后后地默然离开了。

这时，经理才质问道："徐大娘，我记得昨晚的客人并不多啊，怎么还有这么多碗碟没清洗干净？"

徐大娘低着头，半句话都答不上来。

经理又加重语气说道："徐大娘，大伙埋怨您也不是毫无依据的。您干活拖拖拉拉也就罢了，还总是迟到、早退，长此以往，我真的没法向大家交代啊！"

徐大娘连连赔不是，并表示今后一定好好干。从此之后，徐大娘一改此前消极的工作作风，总是将当天的活儿当天干完。后厨的气氛变得和谐了，餐厅的效率也得到了极大的提高。

餐厅经理选择在众人指责徐大娘之后加以顺势引导，可谓占尽了时机之利。一个人说你错了，或许只是一个人的偏见。然而所有人都说你错了，那你就得好好检讨一下了。这个时机，就是众人的指责已经消解了徐大娘反抗、辩驳的底气。若经理不是巧用这样的时机对徐大娘提出批评，怕得到的也只是徐大娘百般抵赖的借口。可见，批评的时机是有多么的重要！

◎注重场合

不难看到，若是一对一的批评，批评的话语再猛烈、再尖酸、再刻薄、再辛辣，被批评者即使有再多的委屈、悲苦与不解，怕也不会有太激烈的反应；而若是有第三者在场的情况下，即使再温和的话语也会让被批评者炸毛、对抗。因为强烈的自尊心驱使着他不得不反抗，用一句俗话来说，即“兔子急了还咬人呢”。

基于以上认知，为了更好地照顾到他人的自尊心，我们在批评他人的时候一定要注意场合。而只有恰当地选择批评场合，才会对优化批评的效果起到正向作用。

在一个颇为隆重的商务宴会上，某公司的公关部经理注意到其公司一个随同出席宴会的资深员工穿着很是随意，于是神色冷峻地走到那名员工面前。

“你怎么穿着这种破衣烂衫就来了？”公关部经理劈头盖脸地质问道。

旁边的一些商界同行被这突兀、粗厉的声音吓了一大跳，眼神纷纷聚焦在了二人身上。

“不好意思……这已经是我所能找到的最好的衣服了，所以就……”

“没有得体的衣服就不要来嘛，你这不是在丢公司的脸吗？”公关部经理一脸鄙夷地说道。

员工羞臊得低头无语，真恨不得找个地洞钻进去，因为他看到周围的人越围越多，而且都在嬉笑着窃窃私语。

“要么去换一套衣服，要么趁早离开，别在这儿丢人现眼。”公关部经理不依不饶地说道。

员工心里的忍耐防线终于崩溃了，怒吼道：“小爷爱穿什么就穿什么，用不着你来教！”说完，便跑出了会场。

大庭广众之下的批评极易刺痛人们怕出丑的心理，使得人们无法理智地接受来自他人的建议，只会情绪化地将批评者视作仇敌。所以说，不分场合的批评是极不明智的。而且，对批评者而言，不分场合的批评只会给人留下一个很不好的印象。因为，在旁人看来，这种当众指责与谩骂他人的行为是一种极度缺乏涵养的表现。

◎就事论事

就事论事的批评，指的是只能批评一个人被你所认识到的错误行为与表现，而不能以此单一的错误行为或表现去全盘否定这个人。通俗来说就是，你发现了对方什么错处，就只批评他这个错处，而不要“刨祖坟”“数罪状”。因为，批评的目的不是惩罚而是拯救，即让他认识到自己的错处并加以改正。

一名女大学生由于与社会青年纠缠不清，对学校声誉造成了极大伤害，为此受到了校领导的批评。然而，校领导的批评……

校领导说道：“你作为一个正在受高等教育的学生，应该知道‘羞耻’是什么意思吧？你看看你，浓妆艳抹的，还有没有一个学生该有的样子？平时也不专心学习，成绩一塌糊涂……”

校领导没完没了地数落着女学生的各种不是，哪怕女学生态度诚恳地一个劲儿认错，也刹不住校领导那张仿佛“开了挂”的嘴。

事后，被校领导羞辱得体无完肤的女学生一直承受着巨大的精神压力，再也找不回那张青春洋溢的笑脸了。

可以看到，校领导这种“揭老底”“数罪状”的批评方式给女学生造成了严重的心理创伤。显然，校领导的做法违背了教育的本意，也与批评的初衷渐行渐远。在人际沟通中，批评人不就事论事，遑论别人接受不接受，怕是还没听完你东拉西扯的指责就已远离。校领导毁掉的是学生对他的敬重，你毁掉的可能就是一段宝贵的情谊。

◎适可而止

小吴是一名刚入伍的新兵，一时之间还很难适应部队的高强度训练。

在一次训练之后，小吴饥肠辘辘，实在是扛不到饭点了，于是私自跑到厨房拿了几个馒头。结果，一名炊事员将小吴逮个正着，并上报给了领导。

为此，小吴的班长召开了对小吴的批评教育会。在会上，班长当着战友的面厉声斥责小吴，说他无组织、无纪律，其行为是典型的个人主义表现。对于班长毫无依据的上纲上线，小吴虽很委屈，但还是承认了错误，接受了批评，并做了深刻的检讨。

然而，让小吴苦闷的是，以后无论是谁犯了错，班长都会将小吴作为批评教育他人的反面例子，仿佛小吴已然是错误与消极思想的化身。为此，小吴在部队里待得很不自在，没过几年就转业复员了。

反复批评，并没有持续督促与教育的作用和意义，更多的只是对被批评者心灵的间歇性蹂躏。有些人就是得理不饶人，没完没了；有些人总是“万箭齐发”，恨不能将别人脆弱的心射得千疮百孔。这些不知适可而止的批评方法，实则并不高明。因为，你最终会发现，不加节制的批评只会严重挫伤他人的心，除此之外再无任何积极的意义。所以说，批评要讲究适可而止。

恶言巧说，有效避免反弹情绪

在人际沟通中，尤其是在需要指出他人错误的时候，太过直白的表达往往会招致他人的反感。此时，若你能将批评的话语转换说法或另类包装，不仅能让人清楚地认识到自身的错误，而且能让人心悦诚服地接受并改正。

华盛顿总统有位秘书，能力非常强，给予了华盛顿总统极大的助力，当然也很受华盛顿总统的青睐。但是，这个秘书有个坏习惯，就是总爱迟到。对此，华盛顿总统隐忍了很久。

一天，这个秘书又习惯性地迟到了。这次，这位爱迟到的秘书给出的理由是："不好意思，总统先生，我的手表出了点儿毛病。"

华盛顿淡淡说道："或许，你该换块手表了，因为我真不想失去一位能干的秘书。"

自此以后，这位秘书就再也没有迟到过。

可以看到，华盛顿正是利用了迂回的语言话术巧妙地批评了自己的秘书。诙谐的表达方式既照顾了秘书的心理，又让秘书警醒地意识到事件的严重性。

所以，在我们不得不对他人提出批评的时候，不妨将话说得婉转一些，既让对方知晓自己错在哪里，又能很好地照顾对方的情绪与面子。

◎巧妙暗示

有人曾如此说道："我没有任何权利以任何形式去伤害一个人的自尊。重要的不是我觉得他如何，而是他自我感觉如何。没有任何的借口去伤害他人的自尊，就是一种罪行。"

在给予人批评的场景之下，这亦是我们应当秉持的原则，即我们的批评必须在维系他人自尊的前提下进行。事实上，也只有照顾到他人维护自尊的需要，我们的批评才更易被人接受，而不会引起抵触与反抗。也就是说，我们应尽量避免直接、粗暴地批评他人，而要多使用迂回婉转的批评方式与手段。

暗示批评法就是一种非常重要而有作用的巧妙批评方式。

某大型超市的经理在巡视旗下一家连锁店的时候，发现一名顾客孤零零地站在收银台前等待结账，而售货员们则围在不远处相互谈笑，根本不理顾客。

怕是任何一个公司的领导看到这种情况都会大发雷霆，

但是，超市经理并没有去指责那些失职的售货员，而是采取了暗示批评的方法处理了这件事。

超市经理默默走向了收银台，准备亲自招呼那位顾客。当然，那些售货员此时也注意到了超市经理，纷纷回到了自己的岗位。超市经理将顾客的物品结算、打包完毕，也没有对身旁站着的售货员说什么，就一个人离开了。

从此之后，自责的售货员们再也没有出现类似的不当情况。

对售货员们不负责的行为，超市经理并没有直接上去予以批评，而是经由亲自服务顾客的行为，让售货员们间接地认识到自身的错误。可以看到，超市经理的这种巧妙暗示法确实取得了非常好的效果。

◎事例佐证

当我们不宜点破或尚未探准别人的不是时，借助事例暗示以促其自我醒悟与收敛不失为一种变相的、高明的批评手段。

一次，著名社会活动家沈钧儒先生与一群友人坐着闲谈。其中一人讲了很多调侃胡子的段子，并不时地望着沈钧儒先生发笑。原来，沈钧儒先生有着一把浓密的大胡子。

面对友人的这种“挑衅”，沈钧儒先生便讲了下面这个段子：

“关羽败亡于东吴后，刘备震怒，誓要为兄弟报仇。然而祸不单行，义弟张飞又因虐待士卒被部下所杀，伐吴大军失去了最好的先锋人选。所谓哀兵必胜，刘备决定起用两位义弟的公子——关兴、张苞，并选择其中一人作为先锋官。先是比较武力，两人旗鼓相当、难分胜负。最后，争执不下的两人吹嘘起了他们各自父亲的本领。关兴说他父亲过五关斩六将、杀颜良诛文丑、温酒斩华雄……张苞说他父亲喝断灞陵桥、怒鞭督邮……都说得有声有色、意兴飞扬。

“关兴急了，说道：‘我父亲一口长髯，人称美髯公，你父亲能比吗？’

“就在此时，关羽忽然‘显圣’，怒道：‘你父亲的本领那么多，你却只提你父亲的胡子作甚！’”

讲完，沈钧儒先生拂髯微笑。

对别人生理的嘲笑是一种极大的无礼。面对这样的刻意羞辱，是个人都会火冒三丈，誓要与其一决雌雄。然而，直言批评又势必会伤害到朋友之间的感情。于是乎，沈钧儒先生借用幽默的小故事给予对方的失礼行为以巧妙批评，既不失力道，又让人无话可说。

◎借己说人

若在批评他人之前先说一说自己犯类似错误的经历，不仅能营造出一种轻松的沟通氛围，而且能够让人更心悦诚服地接受你的指正。

小芳是一家食品店的店员，在码放货品的时候不小心碰倒了货架。

食品店老板是这样批评她的："小芳，你犯的这个错很不应该，但是没关系，毕竟是年轻人嘛！以后引以为戒就行了。事实上，我年轻时候犯的错可比你现在犯的错严重百倍，但是我有一个优点，就是能吸取教训，绝不在犯同样的错误。"

小芳心情愉悦地向老板表示道："我也要做像您这样的人，绝不在同样的地方跌倒第二次。"

若是站在小芳的视角来看，店老板的话语与其说是对自己工作失误的批评，还不如说是对自身工作的指导。这种感受，也正是店老板希望达到的效果。或许，店老板清楚地明白这个道理：批评是为了让员工清楚地认识到工作失误的原因，并使之更好地提升工作效能，而不是去伤害员工工作的热情。

▼

换位思考，将批评转换为理解

在人际沟通中，你必须要认识到的是，人都是情绪化的动物，充满了偏见、傲慢、虚荣与自负……也就是说，我们在批评他人时，首先要认识到这样一个前提，即没有人是喜欢被人批评的。基于这一认知，我们在批评人的时候，若是能将自己带入到被批评者的立场，感知到他们心理与情绪的变化，也许就能更好地调整我们的批评策略。一言以蔽之，我们在批评他人时要换位思考，而不是一味主观地指责与谩骂。

1863 年，南方叛军败退至波多马克河边。时任美国总统的林肯命令米德将军务必趁敌军未渡河之前予以全歼，以图尽早地结束战争。但是，米德将军将林肯的军令一拖再拖，就是不肯进攻，以致叛军顺利地渡过波多马克河逃走了。

闻悉这一情况，林肯很是愤怒。于是，林肯给米德将军写了一封斥责信，措施很是严厉。

写完信之后，心绪也逐渐平复下来的林肯想道：“若我是米德将军，见多了同胞之间的相互厮杀，又如何忍心再去进攻已失败的所谓敌人，制造更多无妄的流血呢！而且，事情已经这样了，无情地去批评一位功勋卓著的将军，除了让我逞口舌之快外，再无半分的作用与意义。那么，我又何必做这样一个刻薄的人呢！”

于是，纸篓成了这封信最后的归属。

多一点儿设身处地的理解与宽恕，也就能少一点儿呵斥与责骂、隔阂与摩擦！试着去理解人们行为背后的动因，是比批评更有趣、有益的事情。

◎照拂人自尊

批评的出发点是善意，然而很多时候，人们就是弄巧成拙，只让人感受到了羞辱，而未曾令人体悟到善意。为什么会这样呢？或许，泰戈尔的一句话能给我们些许启发。

不是锤的打击，而是水的载歌载舞使鹅卵石趋于完美。

玩味下这句话，我们就不难发现，正是疾言厉色的批评对他人的自尊造成了“锤的重击”，而没有温润如水的语言照拂人的情感。

一天中午，唐经理在他的工厂里发现几个工人聚在一起抽烟，而他们吸烟的地方正是工厂划定的禁烟区。

若是换作别的管理者，肯定已经破口大骂起来：“你们都不长眼睛吗，没看到上面贴着禁烟标识？”但唐经理并没有这么做。

他慢慢地走向那群正在吸烟的工人，掏出了自己携带的名贵香烟，给每一个工人都分发了一支，然后用商量的口吻说道：“因为这里是禁烟区，所以你们能不能到吸烟区抽烟呢？”

听到唐经理这么说，工人们随即就意识到了自己的错误，急忙掐灭了手中正在燃烧的香烟，并纷纷向唐经理表示以后一定注意。

事实上，工人们真的再也没有在工厂的禁烟区抽过烟。

遇到唐先生这样善解人意的老板，怕是没人能抗拒得了那份“善意”，从善如流也自是水到渠成。批评是为了劝善而不是惩过，既然如此，换一种漂亮的说法又何尝不可呢？

◎给予人理解

你是否常有此疑惑：“他们为什么就是不愿接受我发自肺腑的中肯意见？”或许，你不妨从自身找一找原因，反思一下：“我所坚持的真相真的不是自我的主观认知吗？我给予他们解释自我行为动因的机会了吗？我又是否了解他们内心的想法与真实诉求？”

事实上，解答所有问题的标准答案就是“沟通”二字。也就是说，所有这些问题产生的根源就是人与人之间缺乏良好的沟通。

所以，在我们批评他人的时候，一定要给予他人解释的机会。只有首先了解他人的想法，我们才能更好地认清他们犯错的主观因素，从而进行针对性的指正与教育，这样，我们中肯的、有指向性的批评才会更易被人所接受。

林太太的女儿本是一个乖巧的小女孩，与林太太的关系也很是亲密。然而，当女儿进入青春期后，林太太与女儿的隔阂渐深。甚而有时女儿还会出言顶撞林太太。

每次与女儿争吵后，林太太都感到异常的疲惫与无奈，怎么都想不通曾经乖巧的女儿怎么会变成如今的模样。

有一次争吵之后，林太太哽咽地对女儿说道："你为什么会变成这样？你还是我那个乖女儿吗？"

听了妈妈的话，女儿有些于心不忍，问妈妈道："您真的想知道原因吗？"

林太太点点头，于是，女儿说道："妈妈，您知不知道，我已经不是3岁的小孩了，我有自己的认知、思想与感受，而您从不在乎我的主观意愿，从来不听我的意见表达，总是以一种居高临下的态度命令我做这做那或不允许我做这做那。我又不是一个玩偶，我是一个人。若您还是将我当作一个孩子，那对不起，妈妈，我已经长大了！"

听了女儿的话，林太太这才意识到：过去的自己总是以成人世界的是非、好坏标准来批评自己的女儿，自以为站在了真理一边，所以总是唠叨、叮嘱与教导，而忽视了去倾听女儿的心声。或许，有时，真的只是自己在无理取闹。

这次交心以后，林太太再想对女儿说些什么的时候，总是会先让女儿说出自己心里的认知与想法。若女儿说得有理，就顺着女儿的话说；若女儿说得无理，就会巧妙地加以引导。由此，母女之间的关系大为改善。

从上述案例中，我们不难获得这样的感悟：良好的沟通，不是自说自话，而是去倾听、去理解、去包容。尤其是在批评他人的时候，尝试着去倾听与理解，才能做出更为中肯与让人乐于接受的批评。

▼

及时善后，弥合批评伤的人心

你是否会有这样的疑问："批评完了就没事了吗？怎么我总会感到有点儿良心不安呢？"那是当然，因为你的批评已经伤了一个人的心，你又如何能心安理得。若你能，那只能说明你是一个自私、冷酷的人。

你要知道，即使再温和的批评也是一种否定。你不妨回忆一下你被人批评的时候是何种感受，或许就能更好地明白，哪怕是细若微尘的否定也能在人的内心深处扬起漫天的风沙。

所以说，我们批评完别人后还是有事要做的，那就是及时地善后。

某公司总经理对工作极为负责，深受公司员工的敬重。但是，人无完人，该总经理的脾气甚为火爆。对于那些在工作上犯了错的员工来说，总经理无疑就是黑面的包公。

有这么一次，一位部门经理的工作出了一点儿纰漏。事实上，这名部门经理及时发现并已经弥补了错误，并未给公司造成丝毫的损失。但是，在月度会议上，总经理还是当着众人的面毫不留情地斥责了这位部门经理。虽然部门经理知道是自己有错在先，但心里还是有点儿不快。

事后，总经理冷静了下来，意识到自己对下属的指责有些过火了，而且这个下属平时的工作表现还是很让自己满意的。

于是，总经理将部门经理叫到办公室面对面地谈了一番。总经理说道："对不起，我那番话说得有些过了，在此，还请你原谅。当然，就事论事而言，你的工作技能还有待提高。不过，我对你有这个信心。加油！"

总经理寥寥几语，瞬间化解了部门经理心头的不快。而且，部门经理也确实如总经理期待的那般，更加勤恳、认真，工作也干得更为出色了。

总经理通过批评让部门经理认识到错误，又通过事后的安抚激发了部门经理的工作斗志。由此看来，这种"善后"工作是极为有意义与价值的。

那么，经由何种方式来进行这种批评后的善后工作呢？

◎批评之后适当服软

对人提出批评的时候，千万不能把话说得太过绝对，让自己没了转圜的余地，让别人没了抗辩的空间。聪明人在批评完对方之后，一定会给人铺好退路。如此一来，被批评者就能多一分理解，也就多了一分接受批评的可能。

1909年，傲慢的德皇威廉二世发表了一篇荒谬的演说，把当时的国际局势搅扰得动荡不安。当然，威廉二世也为此遭到了世人的猛烈抨击。为了维护自己皇帝的尊严，威廉二世将全部的责任都推到了布洛克亲王身上，说那篇荒谬演讲的内容全是布洛克的建议。

得知此事后，布洛克对威廉二世说道："陛下，您说的恐难让世人信服。"

闻言，威廉二世怒道："难道我是笨猪吗？会犯这种只有你会犯的错误？"

见威廉二世动怒，布洛克立即纠正道："陛下，我绝无任何轻视您的意思。事实上，陛下精通各方面的知识，臣等向来深为敬服。臣仅知晓一些军事与外交方面的皮毛，又如何敢置喙陛下的决策？"

威廉二世经布洛克这么一说，慢慢平复了心情，也相信了布洛克说的"从未轻视陛下、向来敬佩陛下"的话语。于是，威廉二世愉快地说道："我们君臣要继续团结合作，而且我保证，以后绝不允许别人说你的坏话！"

事实上，布洛克开始的批评差点儿让威廉二世下不来台，幸好布洛克及时认识到了这一点，并主动给威廉二世铺好了退路。所以，威廉二世对布洛克的态度才从恼怒转变成了欣赏。

◎批评之后给人安慰

有时候，一些人犯的错实在让人忍无可忍，以至于除了猛烈地批评外再难想到更好的办法。但是，在开动炮火之前，你必须明确一个前提与一个后续。前提是，你要确信你完完全全是站在真理这一面的。后续是，你必须在事后及时地给予被批评者心理安抚。

而且往往这种事后的安抚才是别人愿意接受你的批评并改正自身错误的原因。

古时，有这么一位将军，治军极严，甚至到了苛刻的地步。

一日，将军巡视军营，发现手下一员虎将居然在军营内饮酒，而饮酒在军法中是被明令禁止的。于是，将军即刻升帐，当着众人的面先是将自己的爱将一顿臭骂，然后声色俱厉地说道："军中饮酒，有违军令，而且你还是知法犯法，罪加一等，合该处斩!"要不是众人求情，这位饮酒的骁将怕是早已人头落地了。最后，以这位虎将领了50军棍收场。自此之后，全军上下，军纪肃然。

谁也不知道的是，就在虎将受罚的当天晚上，有两个人谈了一席话。

虎将趴在军榻上叫苦不迭，虽然已经由军医料理了伤势，但怕是要经过很长一段时间的休养才能康复。不知何时，将军走进帐来，开口道："你明知大军在外严禁饮酒，就不能克制一下那嗜酒如命的性子？你也别怨我，在众目睽睽之下，我若不处置你，又何以整肃军纪、统率千军？一支没有严明法纪的军队就是一群乌合之众，如何能打胜仗？你确实是打仗的好手，正因为如此，我向来都对你青睐有加，也希望你能早日独当一面。或许，等你到了我这个位置，你就能理解我今天如此行事的苦衷。当然，我也是有错的，今天对你是严苛了一点儿。军中大丈夫，都是响当当的汉子，犯了错就得认。你已经受了军法，现在该是我来向你赔罪了。"虎将被说得泪流满面，说自己的命本就是将军从死人堆里捡回来的，无论将军如何惩处都绝无怨言，并信誓旦旦地表示今后一定更加奋勇杀敌，以报答将军的救命、知遇之恩。

将军公开"打棒子"，整肃了军纪；私下"给糖吃"，赢得了人心。行为艺术不可谓不高，批评手段不可谓不妙，让人心生佩服。

在我们现实的人际交往中，不妨借鉴一下这位古代将军的处事艺术，经由"软""硬"两手巧妙地拉拢人心，从而成就我们更为和谐的人际关系。

批评力测试

测试内容

1. 给人打电话时，你会先询问对方是否方便通话吗？
2. 你愿意听取专家的意见吗？
3. 对那些听了无数回的话题，你还是不介意再听一遍吗？
4. 你的脸部表情丰富吗？
5. 你会承担别人不想干的事吗？
6. 你很相信缘分吗？
7. 在发送电子邮件之前，你会反复地检查吗？
8. 你的想法很易受人左右吗？
9. 你凡事以孩子为重吗？
10. 你总是习惯性地看人脸色来说话行事吗？
11. 你会有意识地寻找对方感兴趣的话题吗？
12. 你消费时会犹犹豫豫，总要花费较多时间吗？
13. 求人帮助的时候，你会觉得不好意思吗？
14. 发生了意外事情，你往往会手忙脚乱吗？

测试结果

选择	批评力
奇数题与偶数题都有 4 个以上肯定答案	富有同理心，但是由于过度看重别人的感受，你会不忍批评别人。
奇数题 4 个以上、偶数题 3 个以下肯定答案	你在批评他人时不会受情绪的控制。话不多，但句句掷地有声。
奇数题 3 个以下、偶数题 4 个以上肯定答案	心情好的时候，你会很大度地接纳与包容别人的错误；心情差的时候，你会言辞激烈地进行抨击，并不给人任何解释的机会。
奇数题与偶数题都是 3 个以下肯定答案	你总是用自己的标准去衡量他人的言行举止，看不惯了就忍不住批评。你虽出于善意，但往往会招致他人的厌恶。

第六章

巧妙说服，再固执的人也会选择妥协

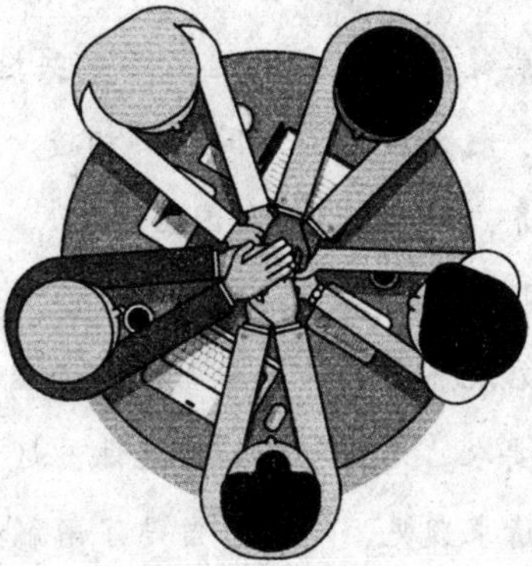

▼

先讲情，后讲理

人是感性的，也是理性的。与人沟通、交流，意图让人接受自己的观点、意见和请求，若能动之以情，触动柔肠，晓之以理，契合其心，必将无往而不利，让人拒绝不得。

赵孝成王继位之初，由于成王年幼，其母赵太后便代行国政。虎狼之秦趁赵国政权更迭之际兴兵进犯，来势汹汹。面对这一危局，赵太后恳请齐国发兵相援。然而，齐国必要长安君入质于齐，才肯出兵解赵国之危。

长安君是赵太后的幼子，可谓赵太后的心头肉。赵太后自是不愿长安君脱离自己的庇护而踏入凶险之地，于是严词拒绝了齐国的要求。无论朝臣如何规谏，赵太后就是不肯妥协。左师触龙请求觐见，赵太后自是了解触龙的来意，于是满脸怒容地等着触龙，誓要让他好看。

左师触龙徐徐行至太后面前，首先致歉道："臣老矣，腿脚不灵便了，故而疏于向太后您请安了，还望太后恕罪！许久没见太后您了，臣可是心心念念想着您，记挂着您的健康状况，总想着进宫来拜见您，今天难得方便，于是臣就来了！”

“我也老了，腿脚也不利索了，现在都是靠坐车代替行走。”太后神色一松，慨然道。

“那您如今的饮食可还好？”触龙关切地询问道。

“勉强吃些稀粥罢了！”太后哀叹道。

“我吃得也不多，所以每天都会走动走动，一来锻炼锻炼身体，二来也能增强些食欲。”触龙带着些劝慰的语气说道。

“我呀，可就比不得你了！”太后神色舒缓、似有笑意地说道。

触龙见太后卸下了心防，于是适时转换了话题，说道：“老臣有个小儿子，年纪尚小，但我年岁大了，怕是没有多少时日庇护他了。每每想到这儿，我心中总是有着无限的难舍、愧疚与纠结。若蒙太后慈顾，给我那不成器的幼子在王宫内谋个安身立命的差使，我是死也无憾了！”

“你可别这么说，尽赚人眼泪了！给他安排个差使也不是什么大事，只是不知他年岁几何？”太后动容道。

“15岁了，年纪可能是有点儿小，但老臣真不想带着牵挂与遗憾离去……”触龙怆然低语道。

“看来，做父亲的也是心疼幼子的嘛！”太后笑道。

“是啊，父亲心中对幼子的爱意可是比母亲来得更为厚重、深沉。”触龙附和道。

“你可就说错了，是母亲最疼爱幼子才对。”太后辩驳道。

触龙见赵太后落入了自己的话套，乘势说道：“是吗？可是我怎么觉得您疼爱自己远嫁燕国的女儿要甚于疼爱长安君呢？”

“不对不对，我自然是更疼爱长安君了。”太后争辩道。

触龙分析道：“父母疼爱孩子，必会为孩子做长远的打算。公主出嫁之时，您因为女儿远离而伤心。公主远嫁之后，您也是无时无刻不在挂念。但是，您怕是更希望公主能在燕国固宠而位尊，而不愿看到公主失宠而返国。这是因为，公主既已远嫁燕国，公主余生的幸福就取决于公主是否能得燕君的宠爱、公主的子孙是否能继承燕君之位。”

“嗯，你说的确为我心中所想。”太后点头道。

“可是您想想，三代之前先王的子孙，到如今，还有几人承有爵位？不仅仅是赵国，天下诸侯国亦是如此。您现在给予长安君高位、封地，却不给予长安君建功立业的机会，若您哪天庇护不了长安君了，身无寸功的长安君又如何能保住自己的禄位？如今，您不愿长安君接受一点儿的磨炼，难道不是缺乏对长安君将来的安排与考虑吗？所以，从太后对待公主与长安君的不同态度上，老臣认为太后疼爱公主甚于长安君。”

赵太后若有所悟道：“我明白你的心思了，而且你说的也确实有道理。行吧，我同意齐国的要求！”

触龙先是与赵太后谈论养生话题，表达了对赵太后的关怀之意，从而成功地构建了同病相怜的心理共容氛围，而后，巧妙地引出“父母谁更爱幼子”的讨论，抛出了“爱儿子，则为之计深远”的论点，可谓步步深入，皆合至理。赵太后非一般宫中妇人，自是知其情、明其理，也就调整了原先的决策。可以看到，触龙正是动之以情、晓之以理，才成功地说服了赵太后。

◎把话说到心坎上，以情动人

人际沟通的很大一部分内容就是说服，尤其是在如今这个崇尚利益的现代社会。可以说，每个人都置身于说服的场景之中。因为，没有人不在推销自己的观念、推销自己学识、推销自己的才能、推销自己的产品、推销自己的服务……

成功的说服，首要是能征服对方的心，赢得对方的心理认同。而打动人心、获得心理认同的关键就在于，你是否能将话说到别人的心坎上，触动他人的情感共鸣。

有一次，诗人拜伦上街的时候看见街旁有一个盲人在乞讨。

显然，盲人的“生意”并不太好。来来往往的行人从盲人身旁匆匆而过，没有一个人愿意表达怜悯。

拜伦走上前去，只见盲人身前挂着一个牌子，上面书写着这么几个歪歪扭扭的大字：“自幼失明，沿街乞讨。”这下，拜伦终于明白眼前的这个可怜人为什么得不到人们的同情了。

于是，拜伦向盲人言明己意，在牌子上加了这么一句话：“春天来了，我却看不见她。”写完，拜伦满意地离开了。

拜伦的这句话可谓效果立见，过路行人纷纷慷慨解囊！

在说服中，别人的情感需求与心理弱点就如同靶子，你的话语就如同子弹。成功的说服者就是一名优秀的狙击手，一枚子弹就能洞穿靶心。也就是说，要想实现成功的说服，就必须瞄准别人的情感需求与心理弱点，有的放矢地说话。

◎用客观事实说话，以理服人

要想说明一个道理，有时只需要摆出事实，自然就能让对方相信或同意你的说法。如此一来，不仅避免了无谓的口舌之争，而且有效提高了说服效率。

一位女顾客来到一家品牌服装店，要求退掉一件呢子大衣。

售货员将衣服检查了一番后，对女顾客说道：“非常抱歉，您这件衣服已经洗过了，因此是无法退换的。”

女顾客对这点心知肚明，但还是强辩道：“自从我将这件衣服买回去后，一次都没有穿过，怎么会洗？我可以明确地告诉你，这件衣服肯定没洗过！”

女顾客坚持说没洗过，一定要退，售货员坚称其已洗过，不予退换。两人争执不下，僵持在了那里。

此时，店长走了过来。问清状况后，店长将衣服认真地检查了一番。

店长开口对女顾客说道："真是抱歉，您这件衣服确实洗过了！不信的话，您可以拿这件衣服与同款的衣服对比一下。"

在两相对比之下，差距一目了然。

女顾客讪讪地说道："或许是我家人在我不知情的状况下拿去干洗过，既然是这样，那我也不为难你们了！"说完，女顾客拿着衣服就走了。

售货员虽知道衣服被洗过了，但只是在言语上与顾客争论，自是有理说不清。店长并未多言，而是拿出同款衣服两相对比，用事实说话，让顾客哑口无言。可以看到，客观事实的呈现就是比言语上的说教更有力度。

真理之所以为真理，就是不惧挑战，让人无从辩驳。当我们将真理掌握在了自己手上，我们也就能更好地说服他人。这便是以理服人的精髓与要义。

循循善诱，因势利导，让你不动声色地说服他人

诱导说服指的是说服者先提出与说服主旨有关且能为对方所接受的观点，然后牵引着对方的认知逻辑循序渐进地向自己意图传达给对方的核心主旨靠近，最终水到渠成地让对方接受自己的意见。往往，被说服者很难抗拒诱导说服的魔力。

诱导说服的关键就在于，说服者要敏锐地把握住被说服者的心理动态及思想脉搏。如此，在说服的过程中，说服者才能清楚地知道该说什么、不该说什么，也就能更好地因势利导。

同时需要注意的是，说服者在使用诱导说服这一技巧的时候，一定要戒骄戒躁，一定要让被说服者感受到舒服、自然，真正做到以理服人。如此，对方才愿意跟随你的逻辑并最终接受你的建议。

有一天，餐厅服务员欧阳芩在收拾餐桌时，在座位上捡到了一部价格昂贵的手机。趁着无人注意，欧阳芩迅速地将手机揣进了自己的口袋。

可没想到，这一幕竟被领班慕容燕看在眼里。

慕容燕上前去与欧阳芩沟通，希望欧阳芩能将手机上交，但欧阳芩抗辩道："我既没偷又没抢，我就不上交，你能奈我何?"

慕容燕说道："小芩，你明白'不劳而获'的意思吗?"

"不知道!"欧阳芩嘟着嘴回驳道。

慕容燕说道："'不劳而获'说的是：自己不劳作却去占有他人的劳动果实!"

"我读书不多，可不懂什么大道理。"欧阳芩不以为意地说道。

慕容燕依旧耐心地说道："那我来问问你，你说抢别人的东西算不算'不劳而获'?"

"当然算。"欧阳芩毫不犹豫地回答道。

慕容燕继续问道："偷别人的东西又算不算'不劳而获'呢?"

"这还用说吗?当然算!"欧阳芩随口说道。

慕容燕乘势问道："捡到别人的东西算不算'不劳而获'呢?"

"当……或许……算吧。"欧阳芩没有底气地回答道。

见欧阳芩的态度有服软的意味，慕容燕好言劝慰道："事实上，捡了别人的东西不还，与抢别人东西、偷别人东西，都属于‘不劳而获’。无论是国家律法、社会公德，还是店里的规定，都不允许‘捡了客人的东西不还’这样的事情发生。小芩啊，你还年轻，可千万别因为一时糊涂而在这件事上犯错。你想要一部新手机，我可以理解。只要你努力工作，还怕买不起一部手机？而且，用自己辛苦赚回来的钱买来的手机，自己才用得舒心，不是吗？”

最后，欧阳芩主动将捡到的手机上交给了店长。

可以看到，慕容燕没有以国法、店规对欧阳芩进行说教，而是经由对“不劳而获”的意义的探讨，循序渐进地让欧阳芩认识到了自己行为及思想上的错误。慕容燕使用的说服技巧，正是诱导说服。

聪明的说服者总是选择先规避焦点，经由逐步渗透，层层剥解对方的心防，并最终实现说服的目的。说服过程是说服者对被说服者攻心的过程，也是被说服者心理渐变的过程。诱导说服能很好地隐藏说服的攻击性，牵引着对方的心理认知自然地转变，达至润物细无声的良效。

◎启发对方，达成一致

从心理学角度而言，最有效的说服是能让被说服者与说服者达成共识。而启发对方进行心理互置，并在此基础上主动调整自己的心理认知与行为方式，则是有效达成共识的方法之一。

由于家境贫寒，小雅高中辍学数年后便在家人的安排下嫁给了同村的小陈。婚姻生活谈不上有多么美满，但还算平淡。而且，小雅与小陈还孕育了一个女儿，多多少少给予了小雅不安的心一点儿慰藉。小雅时常想着："我这一生也就这样了吧？不然，又能怎样呢？"

直到高中时期的恋人又闯进了她的生活，小雅的内心深处才又荡漾起了些许涟漪。

小雅举棋不定，于是向一手将自己养育成人的奶奶倾诉了自己的心事。

奶奶淡淡地问道："你想好今后该怎么办了吗？"

小雅痛苦地说道："奶奶，我现在心里很乱……"

奶奶语重心长地说道："奶奶知道，你心里委屈。可是人生在世，又有谁不委屈呢？想当年，我嫁给你爷爷没多久，你爷爷就牺牲了。我还清楚地记得你曾爷爷对我说过的话：'儿媳妇，你还年轻……'但是我不想给孩子找个后爹，咬着牙还不是挺过来了！人生不如意之事十有八九，要想不委屈自己在意的人，那就只能委屈自己了！"

小雅悲苦地说道："可是，要是委屈自己一辈子，那人生还有什么劲头？"

奶奶正色道："孩子，就算你过上了你所期望的生活，你这一辈子也抛却不掉对小陈父女的愧疚。相较于如今你心里的不甘，那份挥之不去的愧疚感将折磨得你更加痛苦！奶奶活了一辈子，苦了一辈子，委屈了一辈子，但扪心自问，从没有干过一件对不住别人的亏心事。做人难啊，但再苦再难，也要做到无愧于心！”

小雅擦干了泪水，以无比坚毅的语气说道：“奶奶，我懂您的意思，也请您放心，我这就回家去，以后一定与小陈好好过日子！”

奶奶以朴素、真挚、饱含深情的话语，以及自我对苦难经历的感悟，让孙女认识到了为人处世的基本态度，引导孙女做出了正确的人生选择。相较于直接告诉孙女什么才是正确的人生态度，奶奶这种启发性的劝解，或许才能更得孙女内心的认同。孙女只有真心认同了，不安的心才会定下来，也才会踏踏实实地与其丈夫过好日子。

◎旁敲侧击，委婉建议

很多时候，你的建议能否被人采纳，在很大程度上取决于你提建议的方式。不难发现，委婉地建议往往比直言建议更易被人接受。所以说，在说服他人的时候，我们提建议的方式不妨委婉、柔和一些。

公司研发部门里都是些不解风情的大龄单身青年，平时穿着都很随意，但好在还算干净整洁。唯独一名孤僻的员工，非但穿着随意，还很不讲卫生。非工作需要，人们都对其敬而远之。因为，他身上总散发着一股刺鼻的怪味。当然，相处的同事肯定是有抱怨的，他偶尔也能听到。但是，强烈的自尊心让他就是不肯改变自己的生活习惯。

部门经理了解到这个情况后，总想找个机会与他好好沟通一下。

一天吃午饭的时候，该员工独坐在食堂的一个角落。见此情景，经理端着餐盘走了过去，并在该员工对面坐下。

随意聊了几句后，经理神神秘秘地对这名员工说道：“我昨晚做了一个非常有趣的梦。我梦见我们部门的同事集体去相亲，但是结果不是很理想。因为联谊会上有个人特别出风头，感觉就是去砸场的。你知道，我梦见的那个大出风头的人是谁吗？”

员工好奇地说道：“我可猜不到，您还是直说吧，我也好奇得很！”

经理用筷子指了指员工，有些愤愤道：“可不就是你！”

员工愕然，显然有些无法相信自己耳朵听到的话语。

经理笑着说道：“连你自己都不相信吧？我对我会做这样的梦也惊讶得很。但真别说，你在我梦中的形象活脱脱就是一位白马王子。健硕的身材配上笔挺的西装，显得那样帅气与精神。清爽的面庞上那一抹邪魅的笑意，也不知勾走了多少女孩的芳心。你都不知道，其他同事当时的脸色有多么难看。”

员工强自抑制着嘴角的笑意，脸都憋红了。

经理继续说道：“我多么希望这不是一个梦！说实在的，

你只要认真收拾一下，将自己整理得倍儿精神，公司里的大姑娘们怕是会排着队来追你！哈哈。”

可以看到，经理这种玩笑式的建议，既能让员工明白自己所表达的意思，又很好地照顾到了员工的面子。而且，经理善意、风趣的建议或许能给予员工决心改正自身不良生活习惯更为强劲的动力。

▼

引经据典，让说服更有穿透力

在人际沟通中，善于委婉、艺术地表达自己想法的人才更招人喜欢。而善用比喻就是一种得体、恰当的说服方法，也是一种高明的交际手段。

1940年，深陷战争泥潭的英国已无钱向美国购买军事物资，而缺少军事物资补充的英军是难以抵挡纳粹德国的进攻的。高瞻远瞩的美国总统罗斯福清醒地认识到唇亡齿寒的道理，于是希望推动《租借法案》在国会通过，以便更好地支持英国抗击纳粹德国。

然而，美国国内的孤立主义情绪高涨，国会内部更是充斥着美国会被卷入战争的担忧。为此，美国总统罗斯福特意召开记者招待会，为《租借法案》的通过造势。

在记者会上，罗斯福并未直言斥责那些反对者的无知与短视，而是寓深刻的道理于通俗易懂的比喻中，以说服他们。

罗斯福总统是如此打比喻的："邻居家失火了，而我正好有一截水管，若是我将这截水管借给邻居，邻居就能将火灭掉，而我自己的房子也能避免被殃及的风险。那么，我该怎么做呢？当然，若是邻居能先付给我购买这截水管的钱，那是最好不过的。但不巧的是，邻居没钱了，而且这也是事实，难道我就眼睁睁地看着大火吞噬邻居的房子？当火势蔓延到我家的时候，我的损失肯定会高于那截水管的价值，这是毫无疑问的。面对无情的火灾与没钱的邻居，我为什么不先将水管借给我可怜的邻居呢？只要他同意使用完后完整归还或赔偿那截水管所值的价钱。事实上，无论怎么算，我都吃不了亏！既然如此，我又何乐而不为呢？”

说服他人的时候，若直接批评其错误，往往会触动其防御心理，从而让说服难见其效。此时，我们就应该转换下思路，采用例证说服的方法，借助通俗易懂的比喻，间接地指出其犯的错误。如此，我们不仅能清楚地传递我们的意思，而且能很好地保全对方的面子。面对这样的说服，对方必是愿意接受并会自发地改正你所指出的错误。

◎寓自我观点于浅显易懂的道理中

有的道理艰深难懂，即便可以讲明白，也必然大费周章。就算说服者有不厌其烦讲解的耐心，怕是被说服者也没有倾听的耐性。因此，在对人进行说服的时候，若我们意图表达与传递的道理或观念太过深奥，那就不妨将其寓于浅显易懂的道理中，以别样的方式表现出来。

一次，教授在给学生们讲解文学创作时提到，坚持原则是创作的基本要求。

此时，一名女生举手说道："老师，我有问题要问。"

教授暂停了下来，对女生说道："嗯，请讲。"

女生问："真实是否就意味着存在？"

教授回答道："当然，这是哲学的基本常识。"

听了教授的话，女生接话道："既然是存在的，就应该是可以表现的。所以，只要是真实的，就可以表现，就可以写，这难道不是作家所追求的吗？"

教授并未回应女生的问题，而是对女生说道："请你走上前来，还有，带上你的学生证。"

女生虽有些不解，但还是依照教授的要求做了。女生走到教授近前，将学生证递给了教授。

教授翻开了女生的学生证，指着上面的证件照问女生道："你为什么不在脸上长痘的时候拍证件照，然后将其贴在学生证上呢？"

女生摇头道："在脸上长痘的时候拍照？那得多难看啊！"

教授笑道："对呀，你不会在脸上长痘的时候拍照，更不会将这种照片贴在学生证上！你本来就是很漂亮的，脸上长痘只是短时间地影响你的颜值，长了痘痘的脸蛋并非你的真实容颜，所以你不愿在证件上呈现这种无法代表你正常颜值的照片。同理，面对现实社会的一些缺点，我们要认识到这并非是社会的常态，而且政府肯定会想方设法地去改正那些缺点。既然你不愿拍脸上的痘痘，那为什么要去揭露那些有如痘痘的社会缺点呢？你能公正地对待自己，为何对政府就不能公正一些呢？”

教授的一席话让女生心悦诚服，教室内更是爆发出了如雷的掌声。

可以看到，教授并未正面回答女生的问题。是教授回答不了吗？显然不是。这是因为，教授认识到，自己的学术解答很有可能会超出学生的理解范畴，不仅让女生难以理解，而且难获说服女生的效果。于是，教授用了一个巧妙的比喻，使女生清醒地认识到了自己观点的偏颇——以偏概全，以瑕掩瑜。

沉重、深奥的道理经由教授的巧妙比喻，便如此轻巧、明晰。所以说，在我们说服他人的时候，不妨多使用一下比喻说服的方法。

◎以简单有趣的小事情比喻大道理

有些事很难说清，或者能说清但超出了听者的理解范畴，此时，不妨借助一些简单有趣的小事情，阐发蕴于其中且正是你意欲传递给他人的大道理。

有这么一位知名的画家，小时候非常顽皮，若非父亲的一次巧妙教诲，其人生走向怕将会是另一番光景。

那是画家读中学的时候，学校将画家时不时旷课的情况通报给了画家的父亲。那天，画家胆战心惊地回到了家里，已经做好了迎接父亲狂风暴雨般教训的准备。然而，父亲却说："来，我们来做个趣味实验。"画家很是不解，但还是配合地说道："嗯！"

画家看到桌子上放置着一个塑料漏斗与一堆玉米粒，只听父亲说道："我将玉米粒放进漏斗，你用手在下面接着。"画家默然无语，很是顺从地伸出两只手在漏斗下面做捧接状。

开始的时候，父亲将玉米粒一粒一粒地投进漏斗，连续投了十几次，画家手中也多了十几粒玉米。正当画家觉得有趣的时候，父亲抓起一把玉米粒，一齐投进了漏斗。画家满心期待着玉米粒会哗啦啦地落到自己手中，但等了良久都不见动静。原来，玉米粒在漏斗中狭窄的空间里拥挤在了一起，动弹不得。画家看着漏斗中盛满的玉米粒，挠了挠头，若有所思。

此时，父亲将手中的东西搁置在了桌上，意味深长地说道："这个漏斗就好比一个人，只要日有所进，无论这进步是大是小，就能多一分的收获。若是急于求成，妄想一蹴而就，到头来反而是一事无成。"

听了父亲这番话，画家如醍醐灌顶，心思彻悟。从此之后，画家一步一个脚印地在绘画领域辛勤耕耘，终于取得了巨大的成功。

试想，对着一个未经世事的懵懂孩童直言讲述什么人生的大道理，怕儿子早就昏昏欲睡了吧！即便强制听完，怕也是云山雾罩，不明所以。聪明的父亲自是知晓这点，于是借助“玉米粒过漏斗”的趣味实验，引导儿子体会到其中所蕴含的至理：人生是一个厚积薄发的积累过程。

▼

懂幽默的人，才能说服顽固的人

幽默是一种高妙的语言表现方式，更是一个人深厚内涵与优雅气度的外化展现。我们能看到，在人际沟通中，幽默的人往往更受人们的欢迎。幽默的人，哪怕处在错综复杂、矛盾纠葛的人际关系旋涡中，也总能保持超然的地位。

事实上，在对他人进行说服的时候，幽默的力量也是极为强劲与颇具张力的。被说服者受说服者刻意营造的轻松气氛的感染，往往会愉悦地接受说服者包藏在幽默语言中的真实意图。

在诗人马雅可夫斯基的一次演讲中，有那么几个人意图让马雅可夫斯基下不来台，提了一些尖锐、无礼的问题，而马雅可夫斯基采用幽默的方式将这些人驳斥得哑口无言。

一个人在马雅可夫斯基演讲期间突然站了起来，高喊道："您说的那些自以为是的笑话，我觉得一点儿都不好笑！"马雅可夫斯基感叹道："难道您是长颈鹿？只有长颈鹿才会惊觉：噢，原来我的脚在一个星期前被浸湿过呀！您怕是也有如同长颈鹿这般后知后觉的本事。”

一个大腹便便的短小汉子从座位上站了起来，油光、红润的脸上露出得意的神色，以颇令人玩味的语气说道：“拿破仑曾说过这么一句名言：‘伟大与可笑之间只有一步之差。’请问，你是如何看待这句话的？”马雅可夫斯基指了指自己，又指了指那个矮胖的汉子，淡然说道：“伟大与可笑之间的距离确实不是很远。”

又有一个人喊了起来：“您写的诗绝不会成为流传后世的经典，您这个人也绝不会成为闪耀文坛的巨匠。”马雅可夫斯基笑道：“您又何必如此着急呢，我们不妨在1000年之后再来讨论您今天所说的这个问题。”

……

马雅可夫斯基从容淡定，妙语连珠，让底下的观众无不叹服。

幽默说服的妙处，就在于不露声色地寓万千道理于博人一笑的玩笑中。作为说服者，能避免与人正面交锋。作为被说服者，能于开怀中欣然接受，并感悟无穷。

◎运用幽默的力量营造祥和的气氛

幽默是人际关系的润滑剂。在人际沟通中，善用幽默的力量，往往就能有效地消除人与人之间的矛盾与纠纷，从而制造出和谐的沟通氛围。

有这么一对年轻夫妇，平时你侬我侬的，很是恩爱。也不知怎的，小两口拌了几句嘴。妻子感觉很委屈，蜷缩在床上，倔强地不理丈夫，也不吃饭。看到娇妻犯了犟脾气，小伙慌了，心想：“我要是不放低身段，这道坎怕是没那么容易迈过去呀！”

于是，小伙备好饭菜，送到妻子床边，开口道：“愁呀愁，愁白少年头。也不知道是谁说的，爱生气可老得快。若是你不介意，我想老妻少夫也该是一道别样的风景吧？”

妻子嗔道：“哼，什么老妻少夫，应该是老夫少妻才对！”

小伙笑道：“那不正好。到那时，老夫聊发少年狂，指不定别人还会羡慕你老公龙精虎猛呢！”

妻子一听，“扑哧”笑了出来，啐道：“你这个不正经的家伙，想得美！”

见妻子笑了，小伙接话道：“哎呀呀，我老婆这笑靥胜似十里桃花，宛若情窦初开的少女，让人见了心驰神摇，来来来，亲一个，亲一个！”

妻子握起绣拳，没好气地捶了丈夫一下，撒娇道：“人家饿了嘛!”

就这样，小两口又其乐融融地相与嬉笑起来。

在说服他人的时候，一定要学会对幽默力量的掌控。当你的风趣、幽默将人际沟通的氛围点染得欢乐祥和时，又有什么人是不能被说服的，有什么事是不能被解决的呢?

◎运用幽默的话语达到说服的目的

幽默的沟通魔力是让人难以抗拒的。说服中有了幽默，再固执的人也会笑纳你的建议。同时，需要注意的是，幽默地说服别人，要尽量顺着对方的意思去说，使对方感觉到你是在为他着想。如此，对方才会乐于听从你的建议，接受你的观点。

减肥或许是每个女人的愿望，但女人往往又难以抵挡美食的诱惑。于是，我们也就常能看到那些管不住嘴的爱美女性成天嚷嚷着要减肥。小丽便是其中的一员。

因为贪吃零食，小丽的身形变得有些臃肿了。小丽频频下定减肥的决心，但最终都以失败而告终。于是，小丽便想着有没有一种不用忍受节食的痛苦而又能有效减肥的方法。

一次，小丽决定尝试药物减肥，于是跑去医院咨询医生。

小丽向医生询问道:“医生，吃什么药是可以快速减肥的?”

医生故作高深地说道:“我有一剂良药，保证能让你达成所愿，就是不知道你肯不肯吃?”

小丽急切说道："我愿意，我愿意。还请您现在就开给我。"

医生笑道："不用开药方，我直接说给你听就是了。这副良药就是，饥饿。"

小丽一听，"扑哧"一声笑了起来。

医生幽默地将"饥饿"比作良药，婉转地劝小丽少吃东西。显然，这种方式会更具说服力。将说服的话语包裹一层幽默的外衣，可以真真实实地让对方心悦诚服。

▼

巧用激将法，攻占对方的心

说服的手段多种多样，自是该因人而异、因时制宜地选取合适的说服技巧。

通常而言，动之以情、晓之以理、循循善诱、开导启示、好言相告……这些说服技巧就能很好地打动人心、说服他人。但面对那些犟脾气，这些说服技巧就好像都失去了效力。哪怕你磨破嘴皮、费尽心思，他还是要一意孤行。

这时候，我们不妨使用一下激将说服，给予其一个强烈的反刺激，说不定就能收到奇效！

三国时期，刘备欲取汉中。然欲取汉中，必先破定军山。刘备与诸葛亮正为将领人选犯难之时，老将军黄忠请战。

诸葛亮知晓黄老将军勇武，但恐其年老不能胜敌，于是有意激黄忠道："将军向来勇武，然年岁已高。况夏侯渊十分勇猛，且精通谋略，非张郃莽夫可比，不可轻视。将军虽胜张郃，却未必能胜夏侯渊。我看，还是去荆州请关将军回来方能取胜。”

黄忠铿然回答道：“想战国时赵国名将廉颇80岁了，依旧虎威凛凛，威慑诸侯，使豺狼之辈不敢对赵国生觊觎之心！而今，我尚不及70岁，虽不敢自比廉颇，但斩杀区区一个夏侯渊不在话下，军师怎能嫌我年老？末将愿立军令状，只带本部三千兵马，去为主公夺下定军山，还望军师恩允！”

果然，老将黄忠一举攻破定军山，并斩夏侯渊于马下，一战功成。

事后，诸葛亮对刘备说道：“此老将不着言语激他，虽去不能成功。”

可以看到，正是诸葛亮对老将黄忠使用了激将法，鼓其勇、激其志，才顺利地取得了定军山战役的胜利，为实现刘备进取汉中的战略奠定了坚固的基石。

当然，我们也要看到，施用激将法的对象通常是那些胜负心重、好胜心强的人。对这类人使用激将法，对说服效果有显而易见的增强作用。而若是对那些敏感、多疑、谨小慎微的人使用激将法，很有可能会适得其反，背离我们对其说服的初衷。

◎激发对方的羞耻心

激将说服法之所以受人青睐，或者说之所以有效，是因为这种说服方式能有效激发被说服者的羞耻心。让人认识到自己的行为有悖于正确的价值标准，那么，他自然就会自己修正不当的行为。

火车上，两个小男孩在座位上打闹嬉笑，动静很大。对座上的男子忍不住出言提醒道：“小朋友，你们可不可以安静下来呀，叔叔那个纸箱里装满了鸡蛋，很容易碰碎的！”然而，两个小男孩置若罔闻，继续嬉闹。男子无奈，只好将那一箱鸡蛋抱着护了起来。

此时，邻座的一个小女孩悄声对自己的母亲说道：“妈妈，他们好讨厌啊！”母亲故意提高声调说道：“那两个小哥哥会安静下来的，因为他们已经是大孩子了，自觉性很强。一旦他们认识到自己的行为已经影响到别人了，他们自然会安静下来。”

显然，两个小男孩将女孩母亲的话听得一字不落，相互看了一眼，便乖乖地坐在自己的位置上不说话了。

可以看到，女孩的母亲故意说的一番话触碰了两个小男孩的羞耻心，让两个孩子认识到了自己在公众场合喧嚣吵闹是错误的行为。于是，两个男孩自然就安静了下来。

事实上，又何止是孩子，是人就有对善的追求。若你能有效地让对方认知到其行为有悖于他所一直信奉或追求的善，你又何愁他不会自觉地修正自己的行为呢？

◎利用人的逆反心理

妻子抱怨说："别再抽烟了，屋子里一股难闻的烟味。"丈夫没好气地说："不喜欢闻这味儿，那就别进这个屋呀！"

母亲板着脸说："作业写完之前不准看电视，听到没？"儿子噘着嘴说："就不，我要看完电视再写作业。"

……

这些都是逆反心理在现实生活中的生动展示。何为逆反心理呢？通俗地来说，就是你越让我做什么，我越不做；你越不让我做什么，我越要做。事实上，逆反心理是人们为了维护自尊而抗拒别人要求的一种心理状态。

我们或许忽视了这一点，即每个人都有不服输的逆反心理。具体而言，就是一个人越是被否定，就越要千方百计地证明自己。针对人们这一心理，我们不妨反其道而行之，正话反说，从而有效激发起对方的挑战欲，并最终达成说服的目的。

勾践兴兵伐吴，以雪前耻。越国大军迤逦而行，向着吴国都城进发。

行军路上，战车之上的勾践注意到一只鼓着大肚子、"怒目圆睁"的青蛙，于是手扶车辕，对着青蛙躬身致敬。

勾践这一怪异行为让越军将士很是不解，便有亲近之人询问其故。

勾践面向全军将士说道："这只青蛙怒气冲天、斗志昂扬，就如同一名渴望建功立业的勇士。若是我军将士人人皆有如此斗志与豪气，必是攻无不克、战无不胜，何愁不能复仇吴国、强我越国。我虽心有所念，然未得其士。今见这只青蛙一身英气，又如何不让人肃然起敬！"

闻听大王此言，无论是将军还是士卒，皆面有愧色。一个共同的想法在众人心中萦绕不去："我深受大王隆恩，正该驰骋沙场，报君王、酬社稷。难道我的信念还不及一只青蛙坚定，我的胆气还没有一只青蛙充足？"于是，众人相互勉励，誓要杀敌报国。

杀气腾腾的越军直扑吴国都城，一战成功。

显然，勾践是有意为之。但勾践的举动成功地激发了越军将士杀敌报国的斗志，从而取得了对吴战争的胜利。总而言之，在人际沟通中，若我们能善用人的逆反心理，或许能实现更好的说服效果。

说服力测试

测试内容

1. 在说服他人时，你是否经常使用第二人称而避免使用第一人称？

2. 你是否能避免使用那种陈词滥调与缺乏热情的问候而代之以更有说服力的语言？

3. 你是否能避免使用一些陈旧的用语，譬如“你理解我的意思吗”之类？

4. 你是否能避免使用具有价值判断的短语或句子，譬如“你必须”之类？

5. 你是否能避免使用那些没有意义的句子，譬如“你今天感觉如何”之类？

6. 你是否能避免冒着中断关系的风险来赢得一次无谓的争论？

7. 在回答别人问题之前，你是否完全领会了对方的意思？

8. 在说服别人时，你是否能避免过多谈论自己知道的事？

9. 在说服别人时，你是否能保持足够的耐心？

10. 你是否能避免对那些和蔼而热心的人谈得太多？

测试结果

（从来不：0分。偶尔：1分。经常：2分。总是：3分。）

分数区段	说服力
15分以下	你要彻底改变与人交流的方式。
15分到18分	要注意使用更有力及更具说服力的话语。
19分到25分	你做得不错。
25分以上	你是一个非常具有说服力的人，只需保持现状即可。